삶을 변화시키는 질문의 기술

Change Your Questions, Change Your Life
by Marilee G. Adams

Change your questions, Change your life

삶을 변화시키는
질문의 기술

마릴리 애덤스 지음 | 정명진 옮김

김영사

삶을 변화시키는 질문의 기술

1판 1쇄 발행 2005. 6. 15.
1판 11쇄 발행 2016. 4. 11.
2판 1쇄 발행 2018. 7. 9.
2판 6쇄 발행 2023. 1. 9.

지은이 마릴리 애덤스
옮긴이 정명진

발행인 고세규
편집 이한경 | 표지 디자인 윤석진
발행처 김영사
등록 1979년 5월 17일 (제406-2003-036호)
주소 경기도 파주시 문발로 197(문발동) 우편번호 10881
전화 마케팅부 031)955-3100, 편집부 031)955-3200 | 팩스 031)955-3111

값은 뒤표지에 있습니다. ISBN 978-89-349-8210-4 03320

홈페이지 www.gimmyoung.com   블로그 blog.naver.com/gybook
인스타그램 instagram.com/gimmyoung   이메일 bestbook@gimmyoung.com

좋은 독자가 좋은 책을 만듭니다.
김영사는 독자 여러분의 의견에 항상 귀 기울이고 있습니다.

질문을 바꿔라, 인생이 달라진다

"이 책이 어떤 식으로 나와 내 주위의 소중한 사람들이 더 나은 인생을 살도록 도와줄 수 있을까?"

여러분이 이 책을 읽으면서 마음속에 항상 간직하기를 바라는 중요한 질문이다. 이 책의 저자 마릴리 애덤스가 '질문사고 QuestionThinking'라 부른 도구 체계로 이 책에 제시하고 있는 멋진 아이디어들은, 인생을 긍정적으로 바꿔놓을 견고하고도 새로운 사고방식을 펼쳐 보인다.

나는 이 책의 아이디어로 큰 도움을 받았다. 여러분도 이 책에서 도움이 될 몇 가지 아이디어를 분명히 건질 수 있을 것이다. 이 책은 가정과 직장에서 질문사고를 쉽게 적용할 수 있는 방법과 기술, 도구를 제공한다. 마릴리는 먼저, 우리가 타인이나 어떤 일에 대해 판단하려 들지 말고 배우려는 자세를 취할 때 얼마나 더 인상적이고 유능한 사람으로 성숙해갈 수 있는지를 명쾌하게 보여준다. 불교신자로서 나는 이거야말로 행복하고 생산적인 삶을 영위하는 데 꼭 필요한 열쇠라는 사실을 잘 안다.

마릴리는 우리의 사고와 행동, 그에 따른 결과까지 끌어가는 질문의 힘을 보여준다. 이는 곧 저마다 인생의 목표가 뚜렷하고, 또 그 목표에 닿는 데 알맞은 강력한 질문을 다듬어낼 경우, 스스로 미래를 개척하고 뜻한 바를 이룰 수 있다는 것을 의미한다. 위대한 코치들의 프로그램도 결국 인생을 알차게 사는 방식에 초점을 맞추고 있다. 위대한 리더가 하는 일도 마찬가지다. 우리에게 새로운 비전을 제시하는 일이 리더들의 의무가 아니던가. 마릴리는 코치와 리더들이 책임을 완수하는 데 필요한 질문도구들을 제공한다.

경영간부 코치인 나는 성공한 리더들이 더 나은 결실을 거둘 수 있도록 그들을 돕는 일을 한다. 그 임무 중에는 피드포워드feed forward(실행에 옮기기 전, 발생할 수 있는 결함이나 문제를 예상하고 행하는 것. - 옮긴이)라 불리는 과정을 가르치는 코스가 포함되어 있다. 거기서 리더들은 미래를 개선하는 데 필요한 아이디어를 구하는 요령을 배운다. 그들은 판단이 배제된 상태에서 다른 사람의 제안에 귀를 기울이고, "감사합니다"라고 고마워할 줄 아는 능력을 기른다. 마릴리라면 이 과정을 '학습자의 경청'이라고 부를 것 같다. 이 과정은 모든 코치와 리더 그리고 경영자 들에게 매우 중요한 것이다.

카레이서들은 "벽 말고 도로에 초점을 맞추라"는 가르침을 듣는다. 이 책을 읽으면서 여러분도 "내가 상상할 수 있는 가장 위대한 가능성은 무엇일까?"와 같이 자신을 보다 나은 미래로 이끌어줄 질문을 던짐으로써, 여러분이 가진 가장 큰 잠재력을 대표하는 바로 그 도로에 초점을 맞추기 바란다.

이 책에는 우리 모두에게 유익한 지혜가 담겨 있다. 그것을 진지하게 받아들이자. 이제 소매를 걷어붙이고 인생을 한 단계 성숙시킬 작업에 들어가자. 가장 많은 가르침을 얻어내는 방법은 책에 있는 모든 것을 연습하는 것이다.

인생은 멋진 거다!

마셜 골드스미스*

*마셜 골드스미스Marshall Goldsmith
《미래의 지도자The Leader of the Future》와 《리더십을 위한 훈련Coaching for Leadership》의 지은이로, 미국경영협회American Management Association에 의해 지난 80년간 경영 분야에서 영향력을 행사한 위대한 사상가와 지도자 50인 중 한 명으로 선정되었다.

　혹시 여러분은 지난날을 돌이켜보면서 '그 순간이 있기 전까지 내 인생은 완전히 다른 길을 달려왔어'라고 생각해본 경험이 있는가. 살아오면서 내가 느꼈던 바로 그 순간이 이 책과, 오늘날 내가 '질문사고'라고 부르는 기술과 도구를 낳은 씨앗이 되었다.

　20년 넘게 지난 지금도 그 순간을 돌아볼 때면 감사하는 마음이 절로 생긴다. 그 순간 떠올랐던 영감은 나는 물론이고 다른 많은 사람들의 삶에도 큰 영향을 미쳤다. 내 인생을 송두리째 바꿔버린 그 순간의 이야기를 이제 여러분과 나누려 한다.

　아직도 바로 어제 일처럼 생생하게 떠오른다. 내 딴에는 아주 훌륭하다고 생각했던 어떤 연구 과제물에 대해 박사학위 지도교수의 평가를 기다리며 그와 통화를 하던 중이었다. 난 숨소리를 죽여가며 지도교수의 칭찬을 고대하고 있었다. 그런데 내 논문에 대해 그는 이렇게 평가했다.

　"마릴리, 자네 논문은 아직 멀었네."

　속이 부글부글 끓어올랐다. '내가 지금 그의 말을 제대로 들은 걸까?' 그 시절에는 호된 비판을 받으면 눈물부터 나곤 했다. 그래서 나의 내면에 도사리고 있는 비판적인 성격을 잠재우고 나 자신을 있는 그대로 받아들이기 위해 몇 년 동안 노력해온 터였다. 약간의 발전은 있었지만 그래도 나의 노력이 결실을 맺고 있다는 뚜렷한 증거는 아직 보이지 않았다. 그러던 어느 순간, 기적 같은 일이 벌어졌다. 예전처럼 눈물 섞인 반응 대신에 마음이 차분해지고, 호기심까지 발동했다. 아주 편안한 마음으로 나는 지도교수에게 말했다.

"알겠습니다. 그러면 논문을 어떻게 고칠까요?"

나의 내면에 숨어 있던 관찰자가 이 과정을 전부 지켜보다가 그런 변화를 도저히 못 믿겠다는 투로 물었다. '이게 나란 말야?', '도대체 무슨 일이 있었어?', '어떻게 했기에 기분을 그렇게 쉽게 바꿀 수 있지?' 어쩌다 내게 그런 변화가 일어나게 되었는지 분석하기로 작정하는 한편, 이런 희망을 품어보았다. '이 기적 같은 경험을 다른 사람과 나눌 수 있도록 조직적인 방법으로 승화시킬 수는 없을까?'라고.

그때 일어난 사태의 진실은 평소 나 자신에게 질문을 던지는 방식에 근본적인 변화가 생겼다는 것이었다. '그 사람이 날 좋아하고 인정할까?' 혹은 '내가 뭘 잘못했지?' 라는 식으로, 옛날의 나는 주로 걱정스런 질문을 던졌었다. 그런데 새로운 나는 '어떻게 하면 일이 제대로 풀릴까?' 라거나 '내가 배울 수 있는 건 뭘까?' 아니면 '어떤 일이 가능할까?' 따위의 평온하고 생산적인 질문을 하기 시작했다. 나 자신에게 던지는 질문의 성격을 바꿈으로써 인생 자체를 바꿀 수 있었던 것이다.

내가 경험한 것처럼, 저마다 변화를 추구할 능력을 개발하기 전까지는 우리 모두 예외 없이 다른 사람의 의견이나 변덕스런 자기 기분에 휘둘리며 산다. '내면의 질문들을 의지대로 바꿀 수 있는 능력을 갖추면 누구나 생각의 주인이 될 수 있다.' 이 책은 여러분에게, 자신에게 던지는 질문의 성격을 바꾸는 법을 보여줄 것이다.

이 책은 벤 나이트라는 사람의 이야기이다. 그는 책임이 막중한 관리자로 승진한 뒤, 자기 능력으로는 어쩔 수 없는 엄청난 도전을 받고 있다는 사실을 깨닫는다. 그는 자신의 직위가 요구하는 능력을 갖추지 못했다고 굳게 믿고는 사표를 쓴다. 바로 그때 그의 CEO가 나서서, 그를 '질문하는 코치Inquiring Coach'인 조셉 에드워즈에게 소개함으로써 다시 한번 기회를 준다. 그러나 벤의 문제는 직장에서 그치는 게 아니다. 그는 결혼생활 또한 곤경에 처한 상태다. 앞으로 여러분은 벤을 따라가면서 그가 일터와 가정에서 동시에 변해가는 모습을 확인하게 될 것이다.

벤의 이야기는 몇 년 동안 나와 함께 리더십을 공부했던 사람들이 들려준 많은 이야기 중 하나일 뿐이다. 이 글을 쓰고 있는 지금도 나의 초기 워크숍에 참석했던 수전이라는 여인이 떠오른다. 수전의 이야기가 특별히 기억에 오래 남는 이유는, 그녀가 더없이 극적인 변화를 경험했기 때문이다. 그것은 내가 논문 지도교수를 통해 경험했던 변화와 비슷했다. 이 책에 어떤 유익한 내용이 담겨 있는지 약간 맛을 보여주기 위해 여러분에게 그녀의 이야기를 들려주고 싶다.

워크숍이 끝나갈 무렵 나는 참석자 전원에게 질문이 있는지 물었다. 수전이 약간 주저하듯 손을 들었다. 질문이 무엇인지 묻자 그녀는 직장생활에서 안고 있는 문제 한 가지를 이야기했다. 그녀는 불쑥 이렇게 말했다.

"저의 보스가 미워요!"

그녀는 자신이 몸담고 있는 학교의 교장인 필립을 위해 일하는 게 얼마나 견디기 힘든 노릇인지 울먹이는 목소리로 털어놓았다. 학생들을 가르치는 일은 사랑하지만 어쩔 수 없이 직장을 그만둬야겠다고 생각하고 있었다.

수전의 이야기를 듣기 직전, 워크숍 참석자들과 난 스스로에게 던지는 질문에 숨어 있는 힘을 놓고 토론을 벌였었다. 이 내면의 질문들은 그것이 마음속에서 일어나고 있다는 사실을 인식하지 못할 때조차도 우리를 해칠 수도 있고 이롭게 할 수도 있다. 수전은 자신에게 해가 되는 질문을 하고 있는 것으로 드러났다. 나는 그것을 '문제를 야기하는 질문'이라고 부른다.

"모든 일이 너무나 절망적이고 풀기 힘들어요."

그녀는 낙담한 끝에 머리를 흔들며 한숨을 쉬었다. 나는 그녀에게 용기를 불어넣었다.

"실제로 이 방법은 보기보다 쉬워요. 간단히 두 단계로 변화를 추구하는 과정일 뿐입니다. 첫 번째 단계는 지금까지 당신이 자신에게 던지고 있는 질문들이 어떤 것인지를 찾아내는 겁니다. 그리고 두 번째는, 질문을 바꿔서 더 좋은 결과를 얻을 수 있다는 판단이 서면 질문의 내용을 바꾸는 겁니다."

채 몇 분도 지나지 않아 수전이 그때까지 자신에게 던져온 '문제를 야기하는 질문'들이 하나 둘 확인되었다. 두 가지 질문 모두 그녀의 상사에 관한 것이었다. '이번에는 저 사람이 무슨 짓을 할까?', '저 사람이 어떤 식으로 날 비참하게 만들까?' 하는 것이 그 질문이었다.

그런 부정적인 내면의 질문을 고려해볼 때 수전의 상사에게도 그녀와의 관계를 개선할 기회가 주어지지 못한다는 사실이 명백해졌다. 그 질문이 그녀의 상사에게는 도저히 도망칠 수 없는 매복으로 작용했을 것이다. 그녀의 눈앞에서 상사가 옳은 일을 할 수 있는 길은 전혀 열려 있지 않았다.

문제를 야기하는 질문들을 찾아냈으니 변화를 추구하는 과정에 들어갈 준비를 끝낸 셈이었다. 이제 자신에게 이롭게 작용하는 질문이 필요했다. 수전이 그렇게도 목말라하던 효과를 얻을 수 있는 그런 질문 말이다. 그녀에게는 실패보다 성공에 초점을 맞춘 질문이 필요했다. 내가 제안한 새로운 질문은 '상사가 훌륭해 보이도록 내가 할 수 있는 일은 뭘까?'라는 것이었다. 혹시 그녀가 나와 논쟁을 벌이려 하지 않을까 하는 생각이 들었다.

그러나 다행히도 그녀는 그 질문에 익숙해지도록 한번 노력해보겠다고 약속했다. 그리고 몇 개월 뒤, 그야말로 아주 우연한 기회에 슈퍼마켓에서 수전과 그녀의 남편 칼을 만날 수 있었다. 수전에게 워크숍 이후 그녀를 둘러싼 일들에 어떤 변화가 있었는지 물었다.

"기적을 듣고 싶은 거죠?"

그녀가 함박웃음을 지으며 대답했다.

워크숍 이후로 눈에 띄는 변화가 세 차례 일어났다고 했다. 우선 연봉이 올랐다. 그리고 승진도 했다. 그리고 놀랍게도 한때 그렇게 미워했던 상사인 필립과 같은 위원회에서 일하고 있었다. 그녀는 그 사람과 같은 방에 있는 것조차 피하려고 들었던 지난날을 떠올리며 멋쩍게 웃었다.

칼이 수전을 감싸 안으면서 한마디 거들었다.

"수전이 상사와의 관계에 돌파구를 찾으면서 가정에도 평화가 찾아왔어요. 워크숍에 참석하기 전까지는 밤이면 밤마다 상사에 대한 불평을 터뜨렸거든요. 지금은 그 사람에 대한 이야기를 듣기 힘들어요. 직장생활이 좋아지면서 삶이 훨씬 나아졌습니다. 그리고 우리 사이도 훨씬 부드러워졌고, 저 또한 행복해요!"

수전과 칼은 그 모든 것이 얼마나 놀라운 기적처럼 느껴지는지 여러 차례 설명했다. 하지만 난 이미 그 이상을 알고 있었다. 결코 기적이 아니었다. 그것은 내가 논문 지도교수와 결정적인 순간을 경험한 뒤에 개발해낸 방법이었다. 그때의 새로운 질문들도 나의 세계관, 그리고 내가 가진 능력에 대한 나의 인식을 완전히 바꾸어놓았다.

내가 겪은 비슷한 경험은 물론이고, 수전처럼 많은 사람들에게 나타난 변화가 이 책을 써도 좋겠다는 확신을 갖게 했다. 질문사고의 이점을 가능한 한 많은 사람들과 나누고 싶었다.

나 자신이 이런 기술들을 일상의 모든 분야에 적용했기 때문에 그것이 정말로 유익하게 작용한다는 사실을 잘 알고 있다. 자신감에서부터 직장, 가정, 건강, 몸무게, 경제 사정에 이르기까지 모든 것이 더 나은 쪽으로 바뀌었다.

내가 처음으로 이런 도구들에 대해 쓴 책은《질문의 기술 : 질문 중심의 단기 치료 가이드The Art of Question : A Guide to Short-Term Question-Centered Therapy》[1]라는 제목을 단 전문서적이었다. 이 책이 일반인들에게 알려지고, 또 이 요법에 대한 워크숍을 실시한 이후 사람들로부터 피드백이 종종 들어온다. 각자 삶의 거의 모든 영역에서, 특히 인간관계와 직장생활을 좀더 성공적으로 이끌어가기 위해 질문사고를 활용했던 경험담이 대부분이다.

이 중에서 가장 많이 이야기되는 주제는 자신의 삶에 '제대로 먹혀드는' 한 가지 노하우를 발견한 것이 마음에 큰 위안이 되었다는 것이다. 그 노하우란 바로 자신이 생각의 주인이 되고, 그 결과에 당당하게 책임지는 그런 존재가 되는 비결이다.

워크숍 참석자 중 한 사람이 최근에 이런 말을 했다.

"질문사고는 내 인생철학을 송두리째 바꿔놓았습니다. 그리고 가장 중요한 사실은 그것이 실용적이라는 점입니다. 그것은 내가 원하는 변화로 나아가는 길을 정확히 알려줍니다."

질문사고의 체계를 개발한 것은 세라피스트로서 막 활동을 시작하던 때였다. 질문사고의 도구들은 조직 컨설팅과 관리직의 훈련에도 똑같이 막강한 힘을 발휘한다. 운 좋게도 나는 《포천》 선정 100대 기업에서부터 비영리 단체, 그리고 군대를 포함한 연방 정부의 조직들에 이르기까지 정말로 다양한 고객을 접할 기회가 있었다. 고객들은 질문사고가 리더십 개발과 팀의 효율성 제고, 생산성 향상, 기술 혁신에 매우 중요하게 작용한다는 사실을 거듭 입증해주었다.

질문사고의 핵심에는 반발하기보다는 생산적으로 사고할 줄 아는 능력이 자리잡고 있다. 그 능력이야말로 감성지능을 크게 높여주고, 우리가 어떤 상황에 처하든 현명한 선택을 하는 데 꼭 필요한 열쇠가 된다. 이렇듯 질문사고의 방법들은 우리의 학습 조직들이 성공적인 결과를 낳도록 도와준다.

벤 나이트의 이야기를 읽고 그가 변화해가는 과정을 따라가다 보면 자연스레 질문사고 체계가 어떤 식으로 작용하는지 그 그림이 선명하게 그려질 것이다.

벤의 이야기 끝에는 질문사고 워크북이 붙어 있다. 거기서는 벤에게 놀라운 결과를 안겨준 것과 똑같은 질문사고 도구들과 실습 내용을 여러분 스스로 활용해보는 법을 제시한다.

벤의 이야기에서는 7개의 도구들이 서로 얽혀 한 가닥으로 엮이는 반면, 워크북에서는 각 도구들이 단계별로 하나씩 지시사항과 아울러 명료하게 소개된다. 이제 이 도구들을 유익하게 활용해보자.

여러분 모두 결과에 만족할 것이라고 나는 믿는다. 질문사고를 가르치는 몇 년 동안 한 가지 사실이 명백해졌다. 질문의 세계는 곧 가능성의 세계라는 점이다.

질문은 우리의 마음을 열고, 우리를 다른 사람과 연결시키고, 고리타분한 패러다임을 뒤흔든다. 나에게는 탐구정신으로 약동하는 사회에 대한, 그리고 탐구정신으로 약동하는 노동력에 대한 비전이 있다.

그 사회는 물론 개인과 가족, 제도, 공동체로 조직되어 있다. 대답과 의견 제시에 치우쳐 있던 우리의 성향은 이제 질문을 던지고 호기심을 품는 쪽으로 바뀔 것이다. 성급한 판단과 고정관념, 그리고 낡아빠진 아이디어들이 물러나고, 그 자리에 탐험과 발견, 혁신과 협동이 들어서는 것을 목격하게 될 것이다.

이런 변화가 그토록 실질적으로 다가오는 이유는 우리 모두가 지금 여기서, 지금 이 순간 그것을 곧바로 추구할 수 있기 때문이다. 질문사고 체계의 훈련에 들어가려면 그저 올바른 질문을 던지기만 하면 된다.

| 차 례 |

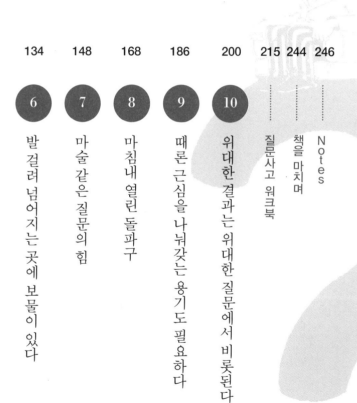

누구에게나 위기는 있다

1:

내 시선은 벽에 걸려 있는 자그마한 도금 액자에 박혔다.

거기엔 단 두 개의 단어로 된 격언이 적혀 있었다. 매사에 질문하라!

알베르트 아인슈타인이 한 말에서 따온 것이었다.

큐테크의 많은 사무실에는 이 액자와 똑같은 게시판이 걸려 있었다.

알렉사의 지도력을 존경하고 높이 평가하지만,

내 입장에서 이 격언은 언제나 논쟁의 대상이 되었었다.

리더라면 질문이 아닌 대답을 가지고 있어야 하는 법이잖아.

■■■ 내 책상 위에 놓인 자단으로 만든 문진에는 순은의 장식판이 붙어 있는데, 거기엔 이런 글귀가 적혀 있다.

'위대한 결과는 위대한 질문에서 비롯된다.'

그 문진은 나의 인생에서 매우 특별한 존재인 조셉 에드워즈가 준 선물이다. 그는 내게 질문사고QuestionThinking라는 방법을 가르쳐준 인물이다. 질문사고는 만약 그것에 눈뜨지 않았다면 나로서는 결코 발견해내지 못했을 내 마음의 한 부분을 활짝 열어주었다. 다른 사람들과 마찬가지로 나도 한 가지 문제를 해결하는 길은 그 문제에 대한 대답들을 사냥하러 나서는 것이라고 믿었다. 그런 내게 조셉은, 문제를 푸는 최선의 방법은 우선 더 훌륭한 질문들을 찾아내는 거라는 걸 보여주었다. 그가 내게 가르쳐준 기술들은 내가 직장을 잃지 않도록 도와주었을 뿐 아니라 결혼생활의 위기에서도 나를 구해주었다. 그 당시 나는 직장과 결혼생활 모두에서 크나큰 위기를 맞고 있었다.

그 모든 문제는 내가 큐테크 사의 관리직으로 초빙되면서부터 비롯되었다. 내가 그 회사의 직원들과 한 배를 타기 직전, 월스트리트의 비관론자들은 올해가 다 가기 전에 회사가 문을 닫고 말 것이라는 예측을 내놓았다. 침몰중인 배에 겁 없이 올라타 그 직위를 덥석 문 이유가 궁금할지도 모르겠다. 나로서도 결코 쉬운 결정은 아니었다.

그 당시 큐테크의 CEO로 지명된 알렉사 하트와 AZ사에서 몇 년 동안 함께 일한 적이 있었는데, 그녀가 큐테크에서 함께 일하자고 나를 부른 것이었다. 그때 그녀는 장담은 못 하지만 자신은 회사가 반드시 살아날 것이라고 굳게 믿는다고 말했다. 내게 그 직위는 엄청난 승진이었다. 그뿐 아니라 유혹적인 스톡옵션도 있었다. 모든 것이 제대로 돌아간다면 그 위험은 한 큐에 보상받을 것이다. 만약에 그렇지 않다면… 글쎄, 나는 그 문제에 대해서는 생각하지 않으려고 애썼다.

처음엔 그 자리를 잡았다는 확신에 한껏 우쭐해졌다. 내 손에는 해답들이 쥐어져 있었고, 성공이 예약되어 있는 거나 마찬가지였다. 그런데 모든 것들이 의외로 빨리 본색을 드러내고 말았다. 어느 순간 나의 결점에 휘황찬란한 스포트라이트가 초점을 맞추고 있다는 생각이 퍼뜩 들었다. 팀에서 함께 머리를 맞대고 일하는 사람들은 제각각 다른 방향으로 나아가고 있었다. 사람들이 나를 피하는 게 너무도 분명했다. 나는 내가 안고 있던 문제의 원인을, 내가 보기에 우리 팀의 단합을 꾀하려는 나의 노력을 번 번이 가로막고 나서는 것 같은 동료 찰스의 탓으로 돌렸다.

우리 팀의 생산 일정이 어긋나자 사태는 더욱 악화되었다. 생 산 일정은 회사의 운명이 걸린 문제였다. 우리 회사의 장래는 경 쟁사보다 상품을 앞서 시장에 내놓는 순발력에 크게 좌우되었기 때문이다. 그때 내가 처한 곤경은 나 자신이 인정하고 싶은 것보 다 훨씬 더 심각했다.

가정에서도 사정은 그다지 좋지 않았다. 8개월을 함께 산 아내 그레이스는 뭔가 잘못 돌아간다는 사실을 알고 있었다. 나는 직 장과 가정을 분리하는 게 최선이라 믿고 직장에서 일어난 일을 아내에게 숨기려 들었다. 그레이스는 그런 나의 사고방식을 이해 하지 못했다. 그녀는 두 사람이 결혼을 한다는 것은 도전의 아픔 과 승리의 기쁨을 함께 나눈다는 것을 의미한다고 주장했다. 그 녀는 언제나 남편이 직장에서 벌어지고 있는 일들에 대해 소소히 말해주기를 원했다. 그러면 나는 아내에게 궁금한 것도 참 많다 고 불평을 늘어놓으면서 내 일에 대해서만큼은 쓸데없는 참견을 끊어달라고 주문했다. 그녀는 마음에 상처를 받았고, 나는 참담 함을 느끼지 않을 수 없었다. 문제를 어떻게 풀어나가야 할지 묘 안이 전혀 떠오르지 않았다.

직장에서 내가 얼마나 힘들어하는지를 아내가 알도록 내버려 두고 싶지 않았다. 나는 언제나 다른 모든 사람들을 좌절시킨 문 제들을 내가 해결할 수 있다는 사실에 강한 자부심을 느껴왔었다. 운만 좋으면 그레이스와 알렉사, 그리고 함께 일하는 사람들이 내가 능력 밖의 자리를 차지하고 있다는 사실을 깨닫기 전에 문제에 대한 해답을 찾을 수 있을 것이었다. 나는 더욱 자신에게 매달렸고, 하루하루를 버텨내느라 안간힘을 쏟고 있었다.

그 어두컴컴한 전환점을 결코 잊지 못할 것이다. 그레이스와 나는 아침에 언쟁을 벌였는데 그때 난 직장에서도 중대한 위기를 맞고 있었다.

그날 오후 늦은 시간에 나는 아내의 사무실로 전화를 걸어 중요한 보고서를 마무리하느라 밤을 꼬박 새워야 할지도 모른다고 말해두었다. 그리고 그 다음 열다섯 시간을 사무실에서 혼자 보냈다. 그때까지도 해답을 찾으면서, 그리고 내 인생에서 가장 비참한 2주일을 보내면서 말이다. 절박한 재앙의 징조가 보이는 듯했다. 이제 패배를 인정할 시간이었다.

아침 6시를 막 넘긴 시간에 커피를 마시러 밖으로 나가서 사표를 쓰기 시작했다. 세 시간 후에 사표를 다 쓰고 알렉사에게 전화를 걸어 즉시 만나자고 약속을 잡았다.

알렉사의 사무실까지는 채 100미터도 되지 않았다. 그러나 그날 아침에는 100킬로미터쯤 되는 것처럼 느껴졌다. 그녀의 사무실의 커다란 이중문 앞에서 걸음을 멈추고 심호흡을 하면서 평정을 되찾으려 애썼다. 문을 두드릴 용기를 내기 위해 거기서 꽤 오랜 시간을 서 있었다. 막 문을 두드리려고 손을 드는 순간 뒤에서 목소리가 들려왔다.

"벤 나이트, 당신이군요. 어서 와요, 어서 와!"

알렉사였다. 그 목소리에는 실수가 끼어들 틈이 없었다. 언제나 쾌활하고, 심지어 일이 잘 돌아가지 않을 때조차도 낙천적인 심성을 그대로 발산했다. 50대 초반의 나이에도 여전히 매력적이고 육상선수처럼 보이는 그녀 옆에 있으면 마치 온몸에서 자신감이 뿜어져 나오는 것 같았다. 나는 아내에게 알렉사 같은 사람은 여태 한 번도 본 적이 없다고 말했다. 알렉사는 큐테크에서 맡은 바 책임을 끝없는 열정으로 밀고 나갔다. 그렇다고 그녀가 일을 신중하게 받아들이지 않는다는 뜻은 결코 아니다. 그녀는 자신의 일을 매우 신중하게 받아들였다. 하지만 언제나 즐거운 마음으로, 그리고 자신감으로 일을 대하기 때문에 겉으로 쉬워 보일 뿐이었다.

그 순간에는 그녀가 그 자리에 있다는 사실만으로도 주눅이 들어 나의 결함이 더욱 적나라하게 느껴졌다. 그녀가 내 어깨를 두드리며 나를 자기 사무실 안으로 밀어넣을 때, 나는 무언가로 얻어맞은 것처럼 망연자실하여 '굿모닝'이라는 인사조차도 중얼거리듯 제대로 전하지 못하고 말았다.

그녀의 사무실은 널찍했다. 호화저택의 넓은 거실만큼이나 컸다. 나는 푹신한 초록색 카펫을 밟고 발 아래로 부드러운 감촉을 느끼며 커다란 창문 쪽으로 걸어갔다. 회의용 공간이 마련되어 있는 곳이었다. 거기엔 속이 두툼한 두 개의 소파가 호두나무로 만든 커다란 테이블을 사이에 두고 마주 놓여 있었다.

"앉아요!"

알렉사가 소파 중 하나로 나를 맞아들이는 제스처를 취했다.

"베티가 그러더군요. 어제 저녁 7시 반에 사무실을 떠날 때도 당신 사무실에 불이 켜져 있었고, 오늘 아침 8시에 출근했을 때도 당신이 사무실에 있었다고요."

그녀는 내 맞은편 소파에 앉았다.

"혹시, 그것 나한테 보여줄 건가요?"

알렉사는 테이블 위에 내려놓은, 사직서가 들어 있는 초록색 서류철을 가리키며 내게 물었다. 그녀가 서류철을 집어들기를 기다리며 나는 고개를 끄덕였다. 그런데 그녀는 그것을 집어들기는 커녕 몸을 뒤로 젖혔다. 이 세상의 여유란 여유는 다 부리는 것처럼 보였다.

"무슨 일인지 말씀해보세요."

그녀가 말했다.

나는 초록색 서류철을 가리켰다.

"사직서입니다. 알렉사, 정말 미안합니다."

그 다음 내 귀에 들린 소리가 그만 나를 얼어붙게 만들었다. 그것은 놀라는 소리도 아니었고, 비난의 말도 아니었다. 웃음소리였다. 그렇다고 야비한 웃음은 아니었다. 내가 뭘 놓치고 제대로 못 들었단 말인가? 이해할 수 없는 일이었다. 내가 모든 것을 망쳐놓은 마당에 어떻게 알렉사가 내게 호의적일 수 있을까?

"벤, 나를 떠나려는 건 아니겠지요?"

그녀는 서류철을 내 쪽으로 밀었다.

"이건 도로 가져가요. 당신의 처지에 대해서는 당신 이상으로 나도 알고 있어요. 당신에게 6주의 시간을 주고 싶군요. 하지만 이번에는 꼭 변화를 이루고야 말겠다고 약속해야 합니다."

"제가 그럴 수 있다고 믿습니까?"

내가 어쩔 줄 몰라 하며 물었다.

"이런 식으로 대답하지요. 오래전에 나도 당신과 비슷한 처지에 놓였던 적이 있습니다. 나도 현실을 똑바로 직시해야 했어요. 성공하기 위해서는 근본적으로 변해야 했습니다. 상당히 절박했지요. 그때 조셉이라는 사람이 나를 앉혀놓고 솔직하게 몇 가지 묻더군요. 겉으로 보기에는 간단한 질문이었지요. 그러나 그 질문들이 그때까지 존재한다는 사실조차도 모르고 있었던 문들을 활짝 열어주었어요.

그 사람이 물었어요. '자신의 실수에 대해 기꺼이 책임을 지려고 합니까? 그리고 그런 실수에 이르게 한 자신의 태도와 행동에 대해서도 기꺼이 책임을 지겠습니까?' 라고요. 그리고 나서 이렇게 물었지요. '껄끄럽더라도 자신을 기꺼이 용서할 수 있고, 심지어 자신을 비웃을 수도 있나요?' 라고요. 마지막으로는 이런 질문을 던졌어요. '당신은 경험에서, 특히 가장 힘든 경험에서 가치를 추구할 것입니까?' 핵심은 이거였죠. '당신에게 일어난 일에서 무엇인가를 배우고, 그에 따라 스스로 변화할 뜻이 있습니까?' 하는 거였어요."

이어서 그녀는 조셉이 가르쳐준 방법이 자신의 삶뿐 아니라 남편의 삶까지 변화시켜놓은 과정에 대해 설명해주었다.

"스탠은 지난 몇 년 사이 수입이 세 배로 뛰었어요. 남편은 지금 자신과 자신의 회사가 누리고 있는 성공이 모두 조셉 덕분이라 생각하고 있어요. 조셉이 당신에게 그에 대한 모든 것을 알려줄 거예요. 그 사람은 이야기를 들려주는 걸 즐겨요. 특히 질문을 바꿈으로써 삶을 크게 변화시킨 사람들에 관한 이야기를요."

그녀가 이렇게 덧붙인 것으로 보아 내가 난처한 표정을 지었음이 틀림없는 것 같다.

"사람들의 삶을 바꾼 질문이란 게 도대체 무슨 말인지 걱정할 필요는 없어요. 당신도 곧 그 질문에 대해 배우게 될 테니까요."

그녀는 잠시 뜸을 들였다. 그러고 나서 단어를 세심하게 고르며 말했다.

"지금 당장 나의 친구 조셉과 함께 일을 시작했으면 해요. 조셉은 앞으로 6주 동안 당신을 자주 만나려 할 거예요. 그 사람과 함께 스케줄을 짜보세요. 지금으로선 그게 최우선 과제예요."

"그분은 뭘 하시죠? 심리치료사입니까?"

정신과 의사를 만난다는 생각이 나를 안절부절못하게 만들었다. 알렉사가 미소를 지어 보였다.

"아뇨, 그분은 경영간부 코치예요. 저는 그분을 '질문하는 코치 inquiring coach' 라고 불러요."

질문하는 코치라! 모르긴 해도, 지금 나한테 필요한 건 대답이지 질문이 아니었다. 더 이상 질문을 해봐야 무슨 소용 있겠어?

방을 나오려는데 알렉사가 종이에 간단히 몇 자 적더니 그것을 봉투에 넣고 봉했다.

"이 봉투 안에 내 예언이 들어 있어요."

그녀는 봉투를 건네주며 알쏭달쏭한 말을 했다.

"이걸 초록색 서류철 안에 넣어요. 그리고 조셉과 일을 마무리 지을 때까지 열지 말아요."

알렉사가 그 사람의 명함을 건네주었다. 나는 명함을 뒤집어 보았다. 명함 뒷면에 커다란 물음표 하나가 그려져 있었다. 정말 그것도 나를 짜증나게 만들었다. 물음표를 자신의 로고로 삼는 사람과 소중한 시간을 함께 보낸다는 발상은 그때까지 내가 믿어 온 모든 것과 반대되는 일이었다.

사무실로 돌아오자마자 나는 책상 뒤 의자에 무너지듯 앉았다. 내 시선이 벽에 걸려 있는 자그마한 도금 액자에 박혔다. 거기에 는 단 두 개의 단어로 된 격언이 적혀 있었다. '매사에 질문하 라!' 알베르트 아인슈타인이 한 말에서 따온 것이었다. 큐테크의 많은 사무실에는 이 액자와 똑같은 게시판이 걸려 있었다. 알렉 사의 지도력을 존경하고 높이 평가하지만, 내 입장에서 이 격언 은 언제나 논쟁의 대상이 되었었다. 리더라면 질문이 아닌 대답 을 가지고 있어야 하는 법이잖아.

나는 여전히 뒷면에 물음표가 그려진 조셉의 명함을 쥐고 있었 다. 내가 무슨 짓을 했지? 세월이 해결해주겠지 뭐. 회사를 지금 당장 그만두지 않게 된 것만 해도 다행이었다. 일단 사표는 반려되었다. 관심은 곧 아내 그레이스 쪽으로 옮겨갔다.

아내와의 문제는 어떻게 풀어나갈까? 적어도 알렉스는 그레이스와 관계에 대해서는 묻지 않았다. 어쩌면 그것이 마지막 지푸라기가 될 수도 있겠다는 생각이 들었다. 알렉사는 내 아내를 좋아했다. 그녀는 우리의 결혼식에도 참석했었다. 우리 부부 사이에 문제가 있다는 것을 알면 분명히 언짢아할 것이었다.

조셉의 명함을 뚫어져라 바라보면서 오랫동안 그렇게 앉아 있었다. 알렉사가 사표 수리를 거부했다는 사실이 작은 희망을 품게 했다. 그녀가 자신의 멘토, 그 '질문하는 코치'에게 소개해줄 정도로 나를 신뢰하고 있다는 사실에 용기를 얻었다.

조셉에 대한 그녀의 신뢰가 믿을 만한 것인지는 아직 더 두고 봐야 했다. 나로서는 조셉과의 약속을 지킨다고 해서 더 이상 잃을 것도 없지 않은가. 비록 내가 의심이 많은 편이긴 하지만, 한편으로 그 사람에 대한 호기심이 발동하는 것도 사실이었다. 알렉사와 스탠을 도운 사람이라면 내게 도움이 될 만한 해답도 가지고 있을지 모를 일이었다.

있는 그대로 받아들여라

Accepted

2

"벤, 이제 솔직해집시다. 당신이 해답을 추구하는 사람으로 남는
전략이 그렇게도 잘 먹히고 있다면 밤중에 사무실에 남아서 그렇게
사표나 쓰고 있지는 않았을 테죠. 당신이 사표를 썼다는 얘기는
알렉사한테 들었습니다. 당신이 어디서 오는지도 알고 있고요.
나도 나름대로 밤을 새워가며 사무실 벽을 상대로 토론을 벌였어요.
바로 이 부분에서 내가 당신을 도울 수 있다고 생각합니다. 알렉사도
당신의 잠재력이 대단하다고 믿고, 당신에게 많은 투자를 했어요."

■■■ 조셉 에드워즈와의 약속은 다음날 오전 10시로 잡혔다. 아내 그레이스에게는 에드워즈를 만나는 일에 대해서도, 알렉사와 나눈 대화에 대해서도 일절 말하지 않았다. 물론 사표를 썼던 일에 대해서도 아내에게는 한마디도 하지 않았다. 곤경에 처했다는 사실을 인정하는 것이 언제나 쉬운 일은 아니었다. 문제에 대한 올바른 해답과 해결책을 찾기 전까지는 참고 견디며 철저히 혼자만 간직하기로 마음먹었다.

하지만 난 그레이스에게 문제를 숨기는 일에 그다지 능숙하지는 못했다. 아내는 거의 매일 밤 더 많은 질문을 던졌다. 그 질문들은 솔직히 말해 날 화나게 했다. 그러면 난 그녀의 말을 잘랐고, 조금 더 참을성을 가지라는 식으로 반응했다.

내가 직장에서 일상적으로 느끼는 스트레스 이상의 문제로 괴로워하고 있다는 사실을 아내가 잘 알고 있다는 걸 진작 깨달았어야 했다. 아내는 조셉과의 만남이 예정되어 있던 그날 아침에 사태를 위기로 몰고 갔다. 그때 우리 부부는 아내가 회의 참석차 다른 도시로 가야 했기 때문에 함께 공항으로 향하던 길이었다. 터미널로 들어서자 아내가 말했다.

"최근에는 내가 과부가 아닌가 하는 느낌이 들었어요. 당신에게 왠지 거리감이 느껴지고, 당신 기분도 침울하고요. 벤, 당신이 나와 진정한 동반자이기를 원한다면 약간은 변화를 보여야 할 것 같아요."

내가 그레이스를 사랑한다는 것은 신도 잘 안다. 하지만 당시 나의 감정 상태가 좋지 않은 것은 사실이었다.

"그런 얘길 꼭 지금 할 필요는 없잖아."

의도했던 것보다 말이 훨씬 거칠게 나왔다. 그레이스가 아연실색하는 기색이었다. 나는 자동차에서 내려 반대쪽으로 돌아가 아내를 위해 차 문을 열어주었다. 아내를 그렇게 배웅해서는 안 된다고 생각했지만, 그때 나는 뭔가에 짓눌린 듯한 느낌을 받고 있었다. 게다가 자칫 장시간의 언쟁에 말려들 경우 조셉과의 약속에 늦을 수도 있다는 걱정이 앞섰다. 우리 부부의 작은 문제는 아직 시간을 기다려도 될 일이었다. 그레이스도 억지웃음을 지어 보이며 이따가 밤에 공항으로 마중 나올 필요는 없다고 말했다. 아내는 고속버스를 타고 돌아올 거라고 했다. 그녀는 뒤돌아 서서 군중 속으로 총총히 사라졌다.

화가 났다.

'하필이면 왜 오늘 아침 같은 때 비행기를 타는 거야!'

나는 액셀러레이터를 밟아 차량의 홍수 속으로 합류했다. 여기저기서 경적을 울려댔다. 어떤 미치광이 같은 녀석이 내 차를 스치듯 지나가는 바람에 급브레이크를 밟았다. 나는 안달하고 있었다. 차가 거의 충돌할 뻔한 위기의 순간과 아내와의 언쟁, 그리고 내가 두려워하는 그 만남에 참석해야 한다는 초조함, 그 모든 것 때문에 그날 아침은 그야말로 최악의 출발이었다.

조셉의 사무실은 시내 중심가의 펄 빌딩에 있었다. 1930년대에 지었다가 최근에 리모델링한 14층짜리 건물이었다. 사람들이 올드타운이라 부르는 그 지역은 커피숍과 부티크, 호화판 레스토랑들을 갖춘 시끌벅적한 쇼핑센터였다. 그레이스와 나도 그곳의 메트로폴이라는 작은 음식점에서 종종 저녁식사를 즐겼다. 우리는 함께 서점과 갤러리를 둘러보면서 행복한 시간을 보내곤 했다. 그레이스가 내 삶 속으로 들어오기 전까지는 그런 식으로 시간을 즐겼던 적이 한 번도 없었다. 이제 난 그런 취향을 사랑하게 되었다. 그날 아침 우리 부부가 즐겨 찾던 곳들을 지나치면서 우리의 미래가 어떻게 펼쳐질지 걱정이 앞섰다.

반들반들 윤이 나는 청동 프레임을 두른 펄 빌딩의 출입문을 밀고 들어가, 대리석 바닥을 가로질러 엘리베이터를 타고 조셉의 펜트하우스 사무실로 갔다. 나는 개인의 주거 공간처럼 보이는 널찍한 로비에 발을 들여놓았다. 3미터는 될 듯한 여러 그루의 관엽식물이 천장의 채광창에 닿을 듯이 서 있었다.

이 내밀한 대기실 너머로 이중문이 사람을 불러들이듯 열려 있었다. 문을 들어서니 긴 복도가 쭉 이어졌다. 안쪽의 벽은 윤이 나는 마호가니로 장식되어 있고, 몇 점의 예술작품이 걸려 있었다. 그레이스가 여길 보았으면 좋겠다는 생각이 들었다. 예술작품을 거래하는 일을 하는 그녀라면 그런 분위기를 높이 평가했을 것이다.

"벤 나이트 씨군요!"

조셉 에드워즈가 빠른 걸음으로 성큼성큼 걸어오며 열렬히 맞아주었다. 60대 초반이겠다는 생각이 들었다. 비록 움직임은 그 나이의 4분의 1 정도 되는 민첩한 단거리 육상선수를 닮았지만.

그는 격식을 차리지 않은 옷차림이었다. 밝은 색 줄이 수없이 그어진 멋진 니트 스웨터가 인상적이었다. 깨끗하게 면도한 얼굴에선 선한 기질이 훤히 읽혔다. 갈색 눈은 흥분으로 어린아이의 그것처럼 빛을 발하고 있었다. 그의 머리는, 그래 맞아, 헝클어진 하얀 곱슬머리는 사진으로 보았던 말년의 알베르트 아인슈타인을 떠올리게 했다.

조셉의 환대를 받고 나니 그와 함께 시간을 보내기에 앞서 마음속에 품었던 걱정 몇 가지가 눈 녹듯 사라졌다. 그는 복도를 지나 자신의 사무실까지 나를 안내했다. 그러면서 복도 벽에는 "질문사고 명예의 전당이라 부르는 작품들이 몇 점" 진열되어 있다고 설명했다. 복도를 따라 걸으면서 흘끗 본 그것들은 내가 당초 생각했던 예술작품이 아니라 잡지에 난 기사와 편지들을 담은 액자였다. 우리는 왼쪽으로 돌아 아침 햇살에 푹 잠겨 있는 넓은 방으로 들어갔다.

방은 무척 안락했다. 바닥이 대리석으로 된 벽난로가 있었고, 호두나무로 만든 회의용 테이블이 그것과 잘 어울리는 의자들과 함께 가지런히 놓여 있었다. 한쪽 벽에는 대학의 이수 증명서들과 자필 서명이 담긴 사진 20여 장이 걸려 있었는데, 그 많은 사진의 주인공들은 하나같이 조셉과 악수를 하고 있었다. 사진 가운데에는 지난 몇 년 동안 뉴스를 통해 보아온 얼굴도 더러 있었다. 알렉사는 내게 이런 상황까지 준비하도록 귀띔하지는 않았다. 여러 가지 정황으로 미뤄볼 때 조셉이라는 인물은 재계뿐만 아니라 그 너머까지 인맥을 잘 갖추고 있음이 틀림없었다.

나는 또 우아한 틀 안에 진열되어 있는 세 권의 책표지를 보았다. 그 책들은 모두 조셉이 쓴 것이었다. 제목에는 '질문사고'라는 단어가 공통적으로 들어가 있었다. 그 중 특히 한 권이 내 눈길을 사로잡았는데, 그 이유는 사라 에드워즈라는 사람과 공동 집필한 것이었기 때문이다. 혹시 그의 아내일까? 제목은 '질문하는 결혼생활Inquiring Marriage'이었다.

나는 강한 인상을 받은 한편 겁을 먹기도 했다. 우리는 그곳보다는 조금 덜 의례적인 공간으로 들어갔다. 거기서는 편안함이 느껴졌다. 페르시아산 수제 카펫이 바닥을 우아하게 장식하고 있었고, 삼면의 거대한 유리창으로는 도시의 장관이 한눈에 들어왔다. 저 멀리 숲 위로 가느다란 구름이 피어오르고 있었다. 마치 영원으로 뻗은 풍경처럼 보였다.

조셉이 나와 가까운 곳의 커다란 안락의자에 자리를 잡는 동안 나도 마음을 편안하게 가다듬으며 똑같이 생긴 의자에 앉았다. 그의 왼손에는 테 없는 독서용 안경이 쥐어져 있었다. 어색함을 없애기 위한 가벼운 대화가 조금 오간 뒤 그가 물었다.

"당신의 가장 큰 재산이 무엇이라고 생각하는지, 제게 말해줄 수 있나요?"

"저는 '해답을 중요하게 생각하는 사람'입니다. 다시 말해 '그 게 아냐' 소리를 연발하는 사람이죠."

나는 자부심에 찬 어투로 대답했다.

"많은 직장동료들이 어떤 문제에 봉착해 해결책을 얻고 싶을 때 저를 찾아옵니다. 저는 그런 식으로 경력을 쌓아왔어요. 저에 게 가장 중요한 것은 뭐니뭐니해도 해결책입니다. 경영이란 것도 바로 그런 해결책의 연속이지요."

"맞아요. 하지만 가장 훌륭한 해답을 얻기 위해서는 가장 훌륭한 질문이 선행되어야 하지 않을까요?"

조셉이 독서용 안경을 코에 걸친 뒤 그 너머로 나를 빤히 쳐다보며 잠시 말을 멈추었다.

"당신의 일 처리 방식을 단적으로 보여줄 말이 있습니까?"

"물론이죠. 올바른 해결책을 확보하고, 그것을 밀고 나갈 준비를 하라. 이게 저의 좌우명입니다."

조셉은 그 좌우명을 질문으로 바꿔보라고 말했다. 나 자신에게 던질 질문으로 말이다. 나는 그 말의 핵심을 파악하지 못했지만 어쨌든 그의 주문에 따랐다.

"'내가 옳다는 것을 어떻게 입증할 수 있지?' 대충 이렇게 되지 않나 싶은데요."

"훌륭해요. 아마도 당신의 문제가 무엇인지 이미 정확히 파악했을 것입니다."

"나의 문제라고요?"

"해결책을 추구하는 사람이라는 사실, 당신이 옳다는 것을 입증하는 일 말입니다. 벤, 당신에게 말해줘야겠군요. 당신은 지금 내가 기대했던 것보다 더 빨리 핵심에 다가가고 있습니다."

내가 그 사람의 말을 똑바로 알아들었는지 의아했다. '이 사람 농담하는 걸까? 아냐, 이 사람은 더없이 진지해.'

"다시 한번 말씀해주시겠어요?"

"우리의 해결책이 옳다는 증거를 발견하는 일도 중요할 수 있습니다. 그렇지만 좋은 해결책 중 많은 부분이 오히려 당신을 곤경에 빠뜨릴 수도 있다는 사실을 인정하지 않으시렵니까? 예를 들자면, 당신이 옳다는 생각이 당신의 팀원들과 마찰을 일으키는 원인이 될 수도 있다는 점을 어떻게 생각하십니까?"

"무슨 말씀인지 잘 모르겠습니다."

어쨌든 난 진실을 말하고 있었다. 내 행동이 다른 사람에게 미치는 영향에 대해 나 자신이 알고 있는 게 거의 없다는 사실을 그날에서야 절실히 깨달았다. 나는 난처한 나머지 말도 제대로 못했다. 그때까지 나는 나의 행동에 많은 사람이 상처받을 수도 있다는 사실을 조금도 고려하지 않았었다.

"다른 질문을 하나 더 하겠어요. 당신이 옳다는 걸 입증하다 보면 아내와 어떤 마찰을 일으키지 않던가요?"

정곡을 찌르는 질문이었다. 그레이스는 항상 옳다고 주장하는 나의 습관 때문에 종종 좌절감을 느낀다고 말했었다.

"그렇지만 누구나 해결책을 찾고 있습니다."

내가 마침내 방어 차원에서 이렇게 대답했다. 생각에 잠겨 고개를 끄덕이던 조셉이 안경을 코 위로 밀어 올리며 말했다.

"물론이죠. 그렇지만 질문이 실제로 하는 역할을 조금 더 깊이 들여다보도록 하지요. 지금 당장은 질문에 대해서 당신도 대부분의 사람들과 똑같은 생각을 하고 있을 것입니다. 말하자면 질문은 그저 그렇고 그런 것이라는 생각 말이지요. 물론 우리는 질문이 의사소통의 결정적인 요소라는 사실을 인식하고 있어요. 그러나 그 질문이란 것이 사고에서 하는 역할은 늘 명백하게 드러나지 않습니다. 바로 거기서 질문사고 방식이 개입하게 되지요.

질문이 지닌 진정한 힘을 한번 느껴보겠다고 나서면 당신의 삶을 송두리째 바꿀 수도 있어요. 그 모든 것은 우리가 자신에게, 그리고 서로에게 던지는 질문을 늘리고 품격을 높이는 일로 귀착됩니다."

조셉이 잠시 말문을 닫았다가 이렇게 말한 것으로 보아 내 얼굴에 어리둥절해하는 표정이 뚜렷했음이 틀림없었다.

"여태껏 질문사고라는 말을 들어본 적 없죠, 그렇죠?"

나는 머리를 흔들었다. 그런 말은 들어본 적이 없었다.

"질문사고는 당신이 처할 수 있는 모든 상황에 접근의 폭을 넓히기 위해 질문을 이용하는, 말하자면 도구들의 체계입니다. 이 도구들은 모든 일에서 더 훌륭한 결실을 맺을 수 있도록, 질문을 세련되게 다듬는 힘을 가져옵니다. 이 체계는 사실상 당신의 사고를 행동으로 옮겨주지요. 집중력이 실리는 한편 효율적이기도 한 행동으로 말입니다. 한층 더 현명한 선택을 하는 데 필요한 기반을 창조해내는 위대한 도구예요."

"계속 말씀하시죠."

내가 의심을 풀지 않은 채 말했다.

"사람들은 대부분의 시간에 질문을 던지고 있다는 사실을 거의 의식하지 못합니다. 그렇지만 질문은 우리 삶의 거의 모든 순간에 일어나고 있는 사고 과정의 한 부분이에요. 사고는 실제로 질문하고 대답하는 과정으로 이뤄지죠. 예를 하나 들겠습니다. 오늘 아침에 옷을 입을 때를 생각해보시죠. 아마 당신은 옷장으로 가거나 화장대, 아니면 뭐 마룻바닥으로 가서 자신에게 물었을 겁니다. 그 중에는 이런 질문도 있겠지요. '오늘 어딜 가기로 했지?', '날씨는 어떤가?', '어느 게 더 편할까?' 아니면 이런 질문도 있었을 겁니다. '어떤 옷이 깨끗하지?' 당신은 그런 질문에 어떤 행동으로 대답을 한 셈입니다. 당신은 특정한 옷을 선택한 뒤 그 옷을 걸쳤습니다. 그러니 당신이 입고 있는 옷은 당신의 대답

> 질문사고는 숙련된 질문을 통해 사고와 행동, 결과를 변화시키는 도구들의 체계이다. 여기서 말하는 질문에는 다른 사람에게 던지는 것은 물론, 자신에게 던지는 질문도 포함된다.

인 셈이지요."

"그 문제라면 선생님께 맞설 수 없을 것 같군요. 그렇지만 말씀하신 것처럼, 저는 그런 질문을 던지고도 당시에는 깨닫지 못했습니다. 사실 제가 던지는 가장 중요한 질문은, 아내가 약속한 대로 제 날짜에 세탁소에서 양복을 찾아왔는지에 관한 것입니다."

우리는 크게 웃음을 터뜨렸다.

조셉은 이제 탄력을 받아 청산유수처럼 말을 토해냈다. 그래서 난 그저 편안하게 앉아 그의 말을 듣기로 작정했다.

"곤란한 처지가 되면 그에 대한 해답이나 해결책을 모색하는 것이 자연스런 일입니다. 하지만 그렇게 해결책을 찾을 때에도 대부분의 사람들은 어리석게도 출구를 열기는커녕 장애물들을 더 만들어냅니다. 우선 질문을 바꿀 필요가 있어요. 그렇지 않으면 전혀 도움이 안 되는 낡은 대답들을 되풀이할 뿐입니다.

새로운 질문은 우리의 시각을 완전히 바꿔놓아요. 문제를 바라보고 해결하는 방식이 우리를 새로운 영역으로 옮겨놓거든요. 질문은 심지어 역사의 물줄기까지 바꿔왔어요. 극적인 예를 하나 들어보죠. 이 문제를 한번 생각해보세요. 유목민들의 사회는 언제나 맹목적인 물음, 즉 '어떻게 하면 물 가까이 갈 수 있을까?'라는 질문에 떠밀려 다닌 셈이었어요."

나는 고개를 끄덕였다.

"그게 그들을 유목민으로 만들었는데….'

"그렇지만 보세요, 그 질문이 이렇게, 말하자면 '어떻게 하면 우리 쪽으로 물을 끌어올 수 있을까?'로 바뀌었을 때 어떤 일이 벌어졌는지 말입니다. 그 새로운 질문은 인간의 역사에서 가장 중요한 패러다임의 변화 한 가지를 불렀습니다. 그게 농경을 탄생시켰고 결국엔 도시를 만들었지요."

"옷을 입는 일과 물을 찾는 유목민에게 질문들이 어떤 식으로 적용되는지 이제 이해했습니다. 그렇지만 그것이 경영에는 어떤 식으로 적용되죠? 요컨대, 그게 일터에서 제가 겪고 있는 문제들을 어떻게 도와줄 수 있지요?"

"무엇보다도 먼저, 당신에게 확신을 드리고 싶군요. 직장에서 당신이 처한 상황에 질문이 분명 도움이 될 수 있다고 말입니다. 그것을 경영에 적용하는 문제라면, 질문사고 명예의 전당은 당신처럼 새로운 질문을 던지는 방법을 터득함으로써 삶을 완전히 바꾼 사람들로 가득합니다.

기억하세요. 중요한 것은 질문의 성격에 따라 결과가 달라진다는 사실입니다. 우리의 행동방식과 그런 행동으로 얻을 수 있는 결실의 종류는 이미 질문에 의해 우리에게 입력되어 있는 셈이지요. 세 개의 기업을 생각해보죠. 각각의 기업은 다음 질문 중 하나에 의해 움직입니다. '주주를 만족시키는 최선의 길은 무엇인가?', '고객을 만족시키는 최선의 길은 무엇인가?', '직원을 만족시키는 최선의 길은 무엇인가?' 라는 질문이 그것입니다. 각각의 질문은 사업을 벌이는 다양한 국면 중 하나에 초점을 맞추고 있지요. 또 기업이 추구하는 우선순위와 일상의 행동, 목표를 달성하는 전략에 따라 각각 다르게 작용할 것입니다. 이 세 가지 질문 모두에 두루 신경 쓰는 기업의 결과를 한번 상상해보세요! 기억하세요, 결과는 당신의 질문에 좌우된다는 점을."

"흥미롭네요." 나는 애매한 태도를 취했다. "그렇지만 잊고 계시는 것 같군요, 제가 대답을 추구하는 사람이라는 것 말입니다. 저는 글자 그대로 해결책 제시의 명수로 경력을 쌓아왔습니다, 질문을 해서가 아니라…."

"다행히도 대답을 추구하는 사람에서 질문을 추구하는 사람으로 전환하는 길은 당신이 생각하는 것보다 훨씬 가까워요."

도대체 무슨 제안을 내놓겠다는 거야? 대답을 추구하는 사람으로서의 역할을 포기한다는 것은 나로서는 도저히 용납할 수 없는 일인데. 나는 그렇게 오랫동안 내게 유익하게 작용한 무엇인가를 포기할 생각은 추호도 없었다. 내가 분명히 장담할 수 있는 한 가지는, 만약 질문만을 고집하는 사람으로 변할 경우, 저녁식사를 하러 식당에 가서도 머리를 빡빡 긁으며 이 음식 저 음식 모두 젓가락으로 쿡쿡 찔러보리라는 사실이다.

조셉은 안경을 벗어서 앞뒤로 흔들었다. 이제 무슨 말을 할지, 깊은 생각에 잠긴 듯했다. 그는 숨을 한 번 들이쉰 뒤 한결같고 느린 목소리로 말했다.

"벤, 이제 현실을 직시해야 해요. 당신이 곤경에 처했다는 사실을 말입니다. 당신이 가진 가장 위대한 재산의 하나, 즉 대답을 추구하는 사람이라는 것은 이제 재산이 아니라 채무로 드러났습니다. 그게 결론입니다."

조셉이 그 말을 할 때 나는 조셉의 사무실에 아내와 함께 앉아 있는 모습을 상상했다. 진정으로 말하지만, 아내는 아마 그의 말에 박수갈채를 보냈을 것이다. 뱃속에 커다란 응어리가 맺히는 기분이었다.

"벤, 이제 솔직해집시다. 당신이 해답을 추구하는 사람으로 남는 전략이 그렇게도 잘 먹히고 있다면 밤중에 사무실에 남아서 그렇게 사표나 쓰고 있지는 않았을 테죠. 당신이 사표를 썼다는 얘기는 알렉사한테 들었습니다. 당신이 어디서 오는지도 알고 있고요. 나도 나름대로 밤을 새워가며 사무실 벽을 상대로 토론을 벌였어요. 내가 당신을 도울 수 있다고 생각합니다.

알렉사도 당신의 잠재력이 대단하다고 믿고, 당신에게 많은 투자를 했어요. 그런 한편으로 당신에게 어떤 큰 변화가 일어나지 않으면 큐테크에서는 성공하기 어렵다는 게 그녀의 판단입니다. 벤, 그녀는 당신을 매우 잘 알고 있어요. 당신을 큐테크에 데려오는 문제에 대해서도 내게 털어놓더군요. 내 판단이 틀리지 않았

다면, 아마 그녀는 자신이 걱정하는 부분에 대해서도 당신에게
털어놓았을걸요. 알렉사는 절대로 내성적인 사람이 아니거든."

그 말에 우리는 크게 웃었다. 그리고 나는 곧 한 순간의 경거망
동을 부끄러워했다. 알렉사는 내가 만난 사람 중에서 가장 솔직
한 편이었다. 그녀는 절대로 에둘러 말하는 법이 없었다.

나를 채용하던 날, 그녀가 내게 했던 말이 떠오른 순간에는 당
혹감을 감추기 어려웠다.

"벤, 내가 당신을 부른 것은 당신이 이 분야에서 최고이기 때문
이에요. 당신의 기술적인 통찰력을 전적으로 믿습니다. 우리가
개척하려는 새로운 시장을 위해서도 당신의 통찰력이 필요합니
다. 그렇지만 아직 확신하지 못하는 부분은 당신의 관리 스타일
이에요. 당신에게 도박을 하겠어요. 그리고 이 도박에서 꼭 이기
고 말겠어요."

진실을 말하자면, 나는 알렉사의 경고를 대수롭지 않게 생각하
고 무시했다. 나는 즉각 그레이스에게 전화를 걸어 나의 엄청난
성공에 대해 떠벌렸다. 만약에 알렉사의 경고를 제대로 들었다
면, 그날 저녁 승리의 축제를 계획하는 동안에그녀가 한 말의 속
뜻을 충분히 새겨 담았을 것이다.

"대답을 추구하는 사람으로서 올바른 해결책을 찾으려는 당신
의 끈덕진 결단이 몇 차례 돌파구를 멋지게 열어주기도 했지요.
그러나 올바른 해결책을 갖는 것과 모든 것을 아는 사람으로 인
식되는 것은 정말로 백지 한 장 차이입니다. 당신은 때론 건방지

게 비칠 수도 있었을 테고요. 내 짐작으론, 새로운 직위가 주는 책임감과 압박감 때문에 '아는 체하는' 스타일이 더 과장되어 보였겠지요. 그런 스타일이라는 명성을 얻는 순간 당신은 곤경에 빠진 것입니다. 다른 사람들이 당신을 그런 식으로 바라보는 마당에 그들이 당신을 좋아하리라고 기대할 수 있겠습니까? 그건 정말로 이상적인 리더십이 아닙니다."

"누가 인기 경연이라도 벌이는 줄 아십니까?"

내가 되받았다. 내가 마음속에 그리고 있는 훌륭한 리더란 책임을 지는 사람이었다. 말하자면 일이 제대로 돌아가게 만들고, 다른 사람들이 각자 맡은 일을 잘 완수하는지 충실히 살피는 사람이었다. 나의 팀에서는 아무도 생산적이지 못했다.

"다른 사람과 교류를 할 때마다 당신은 그들이 솔선수범하고, 스스로 질문을 던지고, 당신이 생각해내지 못한 해결책들을 제시하기를 원하지요. 말하자면 당신이 이룩했다는 성취는 당신과 머리를 맞대고 일하는 모든 사람들의 노력에서 나온 것이지 당신 혼자만의 힘으로 이룩한 것이 아닙니다. 만약에 당신이 정말로 모든 것을 다 아는 사람으로 비치게 되면 당신 외의 다른 사람은 제안을 하는 일조차 불가능해집니다. 그런 상황은 리더에게는 재앙이지요. 당신은 다른 사람들이 어떤 출신 배경을 지녔는지 이해할 여유를 갖지 못할 뿐 아니라, 다른 사람이 기여할 여지도 남겨놓지 않게 됩니다."

조셉은 분명히 뭔가를 표적으로 삼고 있었다. 하지만 나는 그가 질문의 중요성을 강조하는 이유를 제대로 파악하지 못하고 있었다. 질문은 누구나 다 품는 것이다. 그것은 너무 쉽다. 그러나 역사를 움직이는 사람은 대답을 가진 사람이 아니던가.

"벤, 어쨌든 당신은 벽에 부닥쳤어요. 만약에 당신이 그 벽을 기어오르겠다면 이제 더 많은 질문을 해야 합니다. 대답하는 것보다 훨씬 더 많은 질문을 던져야 합니다. 가장 효율적인 의사소통 방법은 이야기하는 것이 20퍼센트이고 질문하는 것이 80퍼센트입니다. 이 원칙에만 관심을 쏟아도 당신 삶에서 얼마나 많은 것이 개선되는지 알고 나면 정말 놀랄 것입니다. 그런데 대부분은 그 반대죠. 80퍼센트가 자신의 감정 따위를 전하는 이야기이고, 20퍼센트가 질문입니다."

이 마지막 대목이 절실하게 다가왔다. 내가 기억하는 한 감정 따위를 이야기하는 거야말로 나의 일 처리 방식이었다. 한편으로 생각해보면, 내가 몸소 익혀온 그 가설들이 지금도 그렇게 잘 먹혀들고 있다면, 지금 조셉의 사무실에서 무슨 짓을 하고 있단 말인가? 그렇다면 대답의 힘에 대한 나의 가설에 의문을 제기해야 한단 말인가? 조셉의 제안에 귀를 기울이지 않는다면 무엇인가 중요한 것을 놓칠 수도 있다는 생각이 슬슬 고개를 들었다. 한편으로는 아내가 조셉의 말에 동의할 수도 있겠다는 막연한 생각이 나를 비웃었다. 혹시 아내에게 많은 이야기를 늘어놓기만 할 뿐, 질문을 충분히 던지지 않는 것은 아닐까? 나는 이미 질문에 대한 해답을 다 알고 있는 게 아닌가 하는 생각이 들었다.

"당신의 표정을 보아하니, 지금 마음이 약간 흔들리는 것 같군요. 하지만 당신이 질문사고 체계를 활용하는 방법을 이해하기만 한다면 그 모든 것이 명쾌하게 드러난다는 것을 분명히 말씀드릴 수 있습니다. 이 방법이 당신의 직장생활에 가져다줄 엄청난 변화를 당신은 짐작조차 못할 겁니다."

그는 내게 수수께끼 같은 미소를 던지며 말을 덧붙였다.

"그 방법이 당신의 인간관계를 개선시킬 수 있다는 것은 두말할 필요도 없고요."

질문사고! 어렵고 힘들 게 분명했다. 자신의 이론을 설명하는 조셉의 표현들이 이해가 되기는 했지만. 나 자신에게만이 아니라 다른 사람에게도 더 많은 질문을 던지라고 요구하는 것은 악취미가 아닐까? 그런 의심이 뭐 그리 대단한가. 어쨌든 이제는 질문사고라는 게 아무리 언짢아도 감연히 맞설 때라는 걸 깨달았다. 나는 애써 노력하면서 그가 제공하는 것들을 모두 나의 것으로 소화해내야 했다. 그게 아니면 달리 어떤 선택이 있겠는가. 나는 절박한 심정이었다.

"새로운 도구와 절차로 이루어진 이 체계를 제대로 이해한다면 당신은 더 효율적이고, 더 생산적이고, 더 성공적인 존재로 성숙할 것입니다. 마침내 당신은 지금의 곤혹스런 처지에서 훌쩍 뛰어나와 또 한번 큰 도약을 할 수 있을 것으로 굳게 믿습니다. 당신이 의심의 눈길을 보내고 있어도 이 문제에 대해서 나는 알렉사와 같은 편입니다. 당신이 성공한다는 데 내기를 걸겠습니다."

그제서야 조셉은 휴식시간을 선언했다. 휴식시간이라는 그의 말에도 장난기가 다분했다.

나는 즉각 사무실로 전화를 걸었다. 시간을 다툴 정도로 나를 기다리는 일은 아무것도 없었다. 굳이 다른 일을 처리하고 싶은 기분도 아니었기 때문에 차라리 다행이었다. 나 자신이 상당히 흐트러진 느낌이었다. 몇 분 뒤 화장실에서 거울에 비친 내 모습을 보았다. 나를 노려보는 거울 속의 내 얼굴은 긴장감과 화로 얼룩진 이방인의 그것이었다. 이게 그레이스가 지난 몇 개월 동안 줄곧 바라보았던 그 얼굴이란 말인가? 솔직히 말해, 그 사내 옆에 나 스스로 어슬렁거리고 싶어했는지도 모를 일이었다. 알렉사와 조셉의 믿음처럼, 정말 내가 변할 수 있을까? 나로서는 확신이 서지 않았다.

Discovering Leaner ar

두 갈래 길, 그리고 선택

3:

"우리는 인생의 거의 매 순간 선택에 직면합니다.
우리가 그 사실을 인식하든 안 하든 관계없이 '심판자'와
'학습자'의 사고방식을 놓고 끊임없이 선택하고 있어요.
'심판자'의 사고방식을 택하면 결국에는 진흙탕에 처박히게 되죠.
반면에 학습자의 사고방식을 택하는 사람은 새로운 길과 가능성을
발견하게 됩니다. 사람들은 대부분의 시간을 학습자와 심판자의 길을
왔다갔다하며 보냅니다. 그러면서도 선택한 길을 스스로 고쳐 살 수
있는 능력이 자신에게 있다는 점은 거의 깨닫지 못하고 있어요."

■■■ 조셉의 사무실로 다시 들어가자 마음이 좀 차분해지고 약간 더 열리는 듯했다. 나는 다른 사람으로부터 건방지다거나 속이 좁다는 비난을 듣는 걸 죽기보다 싫어하는 사람이 아닌가. 조셉은 즉시 사무실 벽에 그려진 큰 벽화로 나의 관심을 끌었다.

　"이게 내가 '선택의 지도'라고 부르는 거예요. 갈림길에 선 저 사람을 보세요. 그는 당신과 나를 나타냅니다. 혹은 우리 모두가 될 수 있지요. 우리는 매 순간 지도에서 보여주는 것처럼 두 갈래 길에서 선택에 직면하게 됩니다. 하나는 학습자의 길이고, 다른 하나는 심판자의 길이죠. 저 사람보다 조금 작은 사람들은 각자가 선택한 길에 따라 각 단계에서 어떤 질문을 던지는지, 그리고 그 질문으로 어떤 결과를 맞게 되는지를 보여줍니다."

　조셉은 의자에 그대로 앉은 채 지도에 그려진 두 개의 작은 안내판을 레이저 포인터로 번갈아가며 가리켰다. 하나의 안내판에는 '선택', 다른 안내판에는 '반응'이라고 적혀 있었다.

나는 조셉의 레이저 포인터를 따라 윗길을 살폈다. 그 길에 있는 사람은 발걸음이 가벼워 보였다. 학습자의 길이었다. 선택을 통해 그곳에 닿을 수 있음을 암시하는, '선택'이라고 된 안내판도 있었다. 꼭 나를 손짓해 부르는 듯 보였다.

다른 길, 즉 판단하려 드는 사람의 길은 정말로 황량해 보였다. 선택한다기보다는 어떤 일에 반응하는 것과 관계 있는 길이었다. '심판자'라고 쓰여 있는 안내판을 향해 아래로 내려가는 사람의 표정은 고민이 많아 보였다. 그보다 조금 더 작은 안내판에는 '심판자의 함정'이라는 경고가 적혀 있었다. 지금 막 진흙 속으로 빠져들고 있는 그 불쌍한 사람에게는 애석하게도 이 경고가 너무 늦게 나타났다.

나는 킬킬거리며 웃었다. 그러나 그런 즐거운 기분도 잠시, 한순간 불길한 예감이 내 마음속을 갈랐다. 혹시 조셉이 내게 은밀한 메시지를 보내고 있는 것은 아닐까? 저 불쌍한 사람처럼 나도 지금 진흙 속으로 빠져들고 있다고 생각하는 것은 아닐까? 나를 심판자, 그리고 패배자로 여기는 것은 아닐까?

"지금 무슨 생각하고 있어요?"

조셉이 물었다. 나는 너무 당혹스런 나머지 내 마음속에서 일어나고 있는 생각을 숨기지 못했다.

"혹시 저를 은근히 '심판자'로 생각하시는 것은 아니겠죠? 아니면 저를 패배자로?"

나는 그 사람 너머로 시선을 던지며 지도를 살피는 척했다.

조셉은 재빨리 대답했다.

"모든 사람이 당신을 패배자로 생각한다면 아마 당신은 이 사무실에 오지도 않았을 겁니다. '심판자'가 되는 것이 그렇게 걱정스럽다면, 그럼 당신에게 이런 식으로 대답하지요. 우리 모두에게는 '심판자'가 되는 순간이 있습니다. 나를 포함해서요. 그것은 인간의 자연스런 한 부분입니다."

"말씀을 들으니 마음이 한결 편안해집니다."

마음은 여전히 불편했지만 나는 대담하게 한 걸음 내딛었다.

"이 부분을 조금 더 명쾌하게 짚고 넘어가죠." 조셉이 말을 이었다. "선택의 지도는 사람을 분류하거나 어떤 범주로 묶는 걸 이야기하는 것이 아닙니다. 이것은 우리네 인생길에서 좀더 효율적인 길들을 그림으로 보여주는 편리한 도구일 뿐입니다. 이 지도가 던지는 메시지가 너무나 보편적이어서 아예 그것을 벽화로 그리게 했지요. 내 사무실을 방문하는 사람 중에서 이 선택의 지도를 피해갈 수 있는 사람은 아무도 없습니다."

그는 두 팔을 넓게 펴보였다.

"어떻게 이걸 피해 갈 수 있겠어요?"

우리는 크게 웃었다. 그제야 긴장이 약간 풀렸다.

"우리는 인생의 거의 매 순간 선택에 직면합니다. 우리가 그 사실을 인식하든 안 하든 관계없이 '심판자'와 '학습자'의 사고방식을 놓고 끊임없이 선택하고 있어요. '심판자'의 사고방식을 택하면 결국에는 진흙탕에 처박히게 되죠. 반면에 학습자의 사고방식을 택하는 사람은 새로운 길과 가능성을 발견하게 됩니다.

사람들은 대부분의 시간을 학습자와 심판자의 길을 왔다갔다 하며 보냅니다. 그러면서도 선택한 길을 스스로 고쳐 살 수 있는 능력이 자신에게 있다는 점은 거의 깨닫지 못하고 있어요. 그래도 우리는 매 순간 선택의 기로에 섭니다. 진정한 선택은 자신의 사고를 관찰할 수 있을 때 시작되지요. 자신의 사고를 제대로 관리하지 못하는 마당에 어떻게 그 외의 다른 일을 진정으로 다스릴 수 있겠습니까?

우리가 선택하는 길이 어떤 것이든 그 길은 질문으로 시작됩니다. 더욱 더 생산적인 질문을 던지고 더욱 더 현명한 선택을 하는 방법을 선택의 지도가 잘 안내하고 있잖아요. 당신에게 약속하겠습니다. 선택의 지도를 이용하면 당신이 어떠한 상황에 놓이든 자신의 처지를 이해하고, 개선하고, 실질적으로 변화시키는 데 도움을 얻을 수 있다고 말입니다.

지금 당장 테스트해보면 어떨까요? 먼저 당신이 내게 자신을 패배자 혹은 심판자로 생각하느냐고 물었을 때 당신 내면에 어떤 일이 일어났는지 한번 되짚어볼 의향이 있다면, 그것 자체로 멋진 실험 재료가 됩니다. 그럴 용기가 있나요?”

나는 거북하게 고개를 끄덕였다.

“이제 당신이 갈림길에 선 저 사람이 되는 겁니다.”

조셉이 레이저 포인터로 동그라미를 그려가며 학습자와 심판자의 길 사이에 서 있는 사람을 가리키며 말했다.

"이 사람에게 이제 막 어떤 일이 일어났습니다. 그의 머리 주위에 쓰여 있는 생각, 기분, 상황이라는 단어들을 주목하세요. 매 순간 우리에게 강한 영향을 미치는 것들입니다. 어떤 일들은 우리를 언짢게 합니다. 전혀 예상치 못했던 청구서가 날아오거나 무서운 소식을 전하는 전화가 걸려올 수 있지요. 아니면 방금 어떤 트럭이 당신의 새 차 뒤꽁무니를 박았다는 소식을 들을 수도 있습니다. 그런 일은 언제나 일어납니다. 동의하지 않나요?"

나는 눈을 굴리며 생각했다. 이 사람은 불행이 뭔지를 제대로 모르는군!

"그렇지만 즐거운 일 또한 우리에게 강한 영향을 미칩니다. TV를 켜는 순간 당신이 좋아하는 팀이 예상치도 않게 승리를 거뒀다는 소식을 우연히 접할 수도 있지요. 직장상사가 믿어지지 않을 정도로 훌륭한 일을 제안해 당신을 놀라게 할 수도 있고, 당신의 아내가 낭만적인 글귀를 적은 편지까지 넣어 꽃다발을 보낼 수도 있지요. 당신 앞에 어떤 인생이 전개될지는 결코 모르는 일입니다."

"전엔 좋은 일이 더 많이 생길 것 같았는데! 그런데 여기서는 중요한 게 뭡니까?"

"말하자면 우리에게 일어나는 일들을 선택할 수는 없다 해도 그렇게 일어난 일을 처리하는 방식은 우리가 선택할 수 있다는 사실이지요."

"전 그런 태도를 좋아해요."

그의 명함 뒷면에 커다란 물음표 대신에 그런 문구를 넣었으면 더 좋았을걸 하는 생각이 들었다.

"아주 적절한 예가 있어요. 내가 처음에 선택의 지도를 보여주었을 때 당신을 패배자로 볼지 모른다고 걱정하던 바로 그 순간을 한번 생각해보죠. 그 순간에 무슨 일이 일어났습니까? 당신의 자기성찰의 질문은, 그러니까 자신에게 던진 그 질문들은 당신을 심판자의 길에 올려놓았어요. 그렇지 않나요?"

제기랄! 그는 과녁의 한가운데를 정확히 명중시켰다. 맞는 말이었다. 미묘한 충격이 몸을 타고 흘러내렸다. 이윽고 그 사람이 자기성찰의 질문이라고 부른 물음들이 밀려왔다. '그가 나를 패배자로 생각할까?', '내가 지금 진흙 구덩이에 빠져들고 있다고 생각할까?', '나를 가망 없는 존재로 볼까?' 한 순간 이런 질문들이 머릿속에 일어났었다. 그런데 나는 그걸 눈치조차 채지 못했었다. 그렇지만 그때 무엇인가가 내 머리를 때리는 것 같았으며, 그 느낌이 매우 싫었다는 사실을 부인할 수는 없었다. 그런 부정적인 자기성찰의 질문들은 나의 레이더를 피해서 내 속으로 들어왔다. 전혀 눈치채지 못하는 사이에, 미끄러지듯 슬그머니 다가와서 내게 영향을 미쳤던 것이다.

"그 순간에 당신은 실제로 선택을 한 것이죠."

"예, 인정합니다. 그때 난 바짝 긴장해 있었어요."

"와!" 조셉이 손을 쳐들며 소리를 질렀다. "좋고 나쁘거나, 옳고 그르거나 한 것이 여기는 없어요. 오직 어떤 일이 벌어졌느냐, 그렇게 일어난 일을 당신이 어떤 식으로 다스렸느냐 하는 문제만 있을 뿐입니다."

"그런 순간이 바로 선택이 이뤄지는 때가 아닌가 싶습니다."

나는 그의 말을 곰곰이 되씹으면서 말했다.

"그게 바로 질문사고의 본질입니다. 질문을 바꿔보세요. 그러면 인생이 달라집니다. 선택의 지도는 당신을 중립적이고 열린 마음으로 관찰자의 입장에 서게 합니다. 그러면 당신은 자신의 기분과 생각, 행동에 주목하게 되지요. 선택의 지도는 기분과 생각, 행동을 유발하는 질문들을 점검하는 정말 훌륭한 도구입니다. 당신은 그저 잠깐 동안 자신의 일생을 담은 영화를 감상하는 관람객이 되기만 하면 그만입니다. 그러면 변화에 필요한 무대를 다 갖추는 셈이지요. 당신이 처한 상황에 지나치게 몰두한 나머지 객관적인 선택을 할 힘을 잃어버리게 되는 것과는 아주 다릅니다."

"저 역시 한두 번은 경험했을 것 같군요. 누군가의 이름을 자꾸만 잘못 부르곤 하던 때가 기억납니다. 그때의 실수를 깨닫게 만든 것이 저의 내면의 객관적인 부분이 아니었을까 싶군요. 그런 것에도 유익한 무엇인가가 있다는 말씀인가요?"

"그럼요, 아주 유익하지요. 그와 같은 관찰자의 능력이 더 큰 그림을 그리게 하고 또 그것에 초점을 맞출 기회를 줍니다. 그것이 없다면 당신은 자동항법장치로 움직이게 되어 그저 프로그램에 따라가고, 아무 생각 없이 반응할 뿐입니다. 지금 내가 말하고 싶은 것은, 우리를 둘러싸고 일어나는 일들에 그저 휘둘릴 것이 아니라 스스로 의도적이고 의식적인 선택을 하는 방법을 개발해야 한다는 거죠. 이것들이야말로 리더십의 기본적인 특성이지요. 이해하시겠어요?"

"저도 그렇게 생각합니다."

"조금 전 심판자의 함정에 관심의 초점을 두고 있을 때, 엄격히 말해 당신은 관찰자의 입장이 아니었지요, 그렇지요?"

조셉의 판단이 옳았다. 내가 만약에 중립적인 관찰자로 남아 있었다면 아마 그처럼 거세게 반응하지는 않았을 것이다. 그는 나를 심판자나 패배자로 볼 수도 있다는 암시가 담긴 말은 한마디도 하지 않았다. 그러니까 판단이 실린 의견은 순전히 한 사람, 즉 나에게서 나온 것이었다. 나 스스로 심판자의 함정에 빠져든 셈이었다.

"당신의 표정으로 짐작해볼 때 당신은 내면에 있는 심판자를, 아마도 난생처음으로 이제 막 깨달은 것 같군요. 브라보! 내가 왜 당신에게 축하를 보내는지 그 이유를 조금 있으면 알게 될 겁니다. 먼저 지난달에 일어났던 일에 대해 들려주고 싶군요."

난 어깨를 으쓱해 보였다.

"좋지요."

"어느 큰 건설회사의 관리자와 이런 만남을 가졌어요. 그는 실패의 책임을 돌리고 싶은 동료들의 명단을 늘어놓는 데 자그마치

20분 가량을 소비하더군요. 그 사람 말 대로라면 이 세상은 바보 얼간이로 가득합니다. 심판자의 입장에서 늘어놓는 수다에 질리기 시작하더군요. 그를 발로 차서 내 사무실에서 쫓아버리고 싶었으니까요! 그림이 그려지죠?"

"그때는 두 분 모두 심판자의 길로 내달리고 있었겠군요."

내가 마치 훌륭한 학생 같은 기분을 느끼며 끼어들었다.

"맞아요. 그때 내 마음속에 일어난 질문들은 이런 것이었거든요. '내가 어쩌다 이런 사람을 상대하게 됐지? 이 친구의 주변 사람들은 도대체 이 사람을 어떤 존재로 생각할까?'"

"모든 게 심판자의 질문이었군요."

"맞았어요! 내가 하고 있던 짓의 본질을 정확히 꿰뚫는 순간, 하마터면 웃음을 터뜨릴 뻔했지요. 그 사람에 대해 심판자라고 나 스스로 판단하고 있었던 거예요. 나도 그 사람 못지않게 심판자의 입장에 서 있었던 거지요!"

조셉은 그 이야기를 펼쳐 보이는 것을 즐기고 있었다.

"선택의 지도를 활용하면 심판자의 길로 들어섰느냐 안 들어섰느냐를 판단하는 일이 수월합니다. 관찰자적인 자아를 강화하는 데 매우 유익한 방법이지요. 우선, 뭔가 제대로 돌아가지 않는다는 사실을 눈치채게 될 것입니다. 긴장이 느껴지거나, 화가 나거나, 아니면 그냥 답답한 느낌이 들 수도 있겠지요. 그러면 자신에게 '혹시 내가 심판자의 길로 들어와 있는 것은 아닐까?' 하고 물을 만큼 정신이 깨어 있어야 해요. 만약 그 질문에 대한 답이 그렇다는 쪽이면 다시 '이게 내가 가고자 하는 길인가?' 라고 물어 보세요. 그때 내 경우에는 그 길이 아니었습니다. 내가 심판자의 길에 들어서 있는 한 그 사람을 도울 수 없었지요. 그 사람을 도와주는 대가로 돈을 받고 있었는데도 말입니다. '그 누구도 심판자의 입장에 서서는 다른 사람을 도울 수 없다' 는 말, 참으로 훌륭한 조언이었어요."

"선생님께서 손해보지 않고 그 사람의 문제에서 손을 떼기에 아주 좋은 기회였을 것 같은데요."

"절대 그렇지 않아요. 이제 영화를 볼 시간이었어요. 관찰자적인 자아의 영역으로 들어가는 거죠. 거기서는 나의 사고를 심판자에서 학습자로 바꿀 수 있어요. 실은 학습자의 사고방식으로 바꾸는 데 도움이 되는 질문이 하나 있어요. 나는 그것을 적당히 '전환의 질문' 이라고 부릅니다. 그날 내게 먹혔던 전환의 질문은 '이 사람을 어떻게 달리 생각할 수는 없을까?' 였습니다.

그렇게 전환의 질문을 동원하고 나니 그 사람에 대해 나 자신에게 무의식적으로 묻고 있던 심판자의 질문이 무엇이었는지 드러나더군요. '이 사람은 도대체 뭐가 잘못되었을까?' 라고 끊임없이 자문하고 있었던 거죠. 이제 그것과는 매우 다른 질문을 선택할 수 있는 자유가 주어지더군요. '이 사람에겐 뭐가 필요할까?' 라는 물음이 떠올랐습니다. 그것은 새로운 학습자의 질문이지요. 심판자의 입장에 서면 늘 그런 것처럼 그 사람을 어떤 사람으로 분류한 뒤 그렇고 그런 사람이라서 틀렸다고 결론을 내리게 되는

데, 이 새로운 질문은 그 사람에게 호기심을 품게 만들었습니다. 이와 비슷한 상황에서 선택의 지도가 얼마나 많은 도움이 되는지 확인하고 나면 당신도 무척 놀랄 것입니다. 선택의 폭을 넓혀주고, 심지어 압박감에 시달리는 상황에서도 좀더 현명한 선택을 하게 해줍니다."

이 대목에서 나는 생각에 생각을 거듭했다.

"제가 보기에는 갈등을 빚는 상황이 되면 많은 사람들이 심판자의 길로 들어서는 것 같습니다. 이를테면, 갈등의 당사자 모두가 똑같이 심판자의 입장에 선다는 것이죠. 그게 지극히 정상이죠, 그렇지 않나요?"

난 그날 아침 공항에서 그레이스와 함께했던 그 무시무시한 순간을 생각하고 있었다. 나로서는 그때 그레이스가 어떤 입장이었는지 알 수 없었다. 하지만 나 자신이 심판자의 길에 서 있었다는 사실만은 숨길 수 없었다.

"그렇죠. 두 사람 다 심판자의 입장에 서 있을 때는 모든 것이 쇳소리를 내며 멎게 됩니다. 그러나 여기 당신을 위한 백만 불짜리 정보가 하나 있어요. '두 사람 다 심판자의 길에 서 있을 경우에는 먼저 정신을 차리고 빠져나오는 사람이 유리합니다.' 먼저 빠져나온 사람은 다시 학습자의 길을 선택하고, 운전석에 앉아서 상황을 자신에게 유리하게 돌릴 수 있지요."

그때 머릿속에서 찰칵 하고 뭔가 돌아가는 소리가 들리는 듯했다. 그랬다. 그레이스와 약간의 불화라도 빚고 난 뒤면 아내는 매우 신속하게 고집을 풀고 열린 마음으로 돌아갔던 것이다. 그렇게 태도를 바꿀 수 있는 아내의 능력은 언제나 우리 사이의 문제를 가볍게 풀어줬다. 그러면 난 아내가 천성적으로 그런 건지, 아니면 뭔가 다른 꿍꿍이셈이 있는 건지 궁금했다. 언젠가 아내가 이런 말을 했던 기억이 난다. 좀더 큰 그림을 위해서라고, 자신이 옳다는 걸 입증해 보이는 일보다 우리의 관계가 훨씬 더 중요하기 때문이라고. 그레이스가 그런 식으로 태도를 바꾸고 나면 나 또한 훨씬 침착해졌다. 조셉의 기술들이 의도적으로 그렇게 전환할 수 있는 요령을 가르쳐준다면, 직장에서 버거운 상대인 찰스와의 게임에서 언제나 내가 앞설 수 있지 않을까.

"내게 던지는 질문들을 바꿈으로써 그 관리자의 마음을 열기 시작했던 거죠. 나 자신에게 이런 질문을 던졌습니다. '이 사람에게 일어나고 있는 일이 정말로 무엇일까?', '이 사람은 지금 당장 무엇을 필요로 하고 무엇을 원할까?'라는 것이었죠. 그 새로운 질문이 그 사람을 어떤 노력을 기울일 만한 가치가 있는 존재로 보게 했습니다. 나는 귀를 기울이기 시작했고, 관찰했고, 새로운 대안과 해결책에 마음을 열었습니다."

나는 조바심이 났다.

"보세요. 여기서 말씀하시고자 하는 핵심이 무엇입니까? 아마도 질문들이 줄 수 있는 도움은 아주 적을 테죠, 제겐 전반적인 정밀검사가 필요한데."

"당신의 조급증을 이해합니다. 지금 이 순간 당신이 자신에게 던지고 있을지도 모르는 질문들을 짐작하는 동안만 잠깐 참아주시지요."

그의 눈에 장난기 어린 번득임이 보였다.

"지금 당신은 이렇게 생각하고 있을지도 모르겠군요. '조셉이라는 이 미친 녀석이 뭘 할 수 있다고?', '이 사람 정말 이상한 거 아냐?', '이 사람의 아이디어가 나를 위기에서 구하는 일하고 무슨 관계가 있어?' 라고 말입니다."

장난꾸러기 꼬마처럼 이를 다 드러내놓고 환하게 웃는 바람에 그의 양쪽 입가에 주름이 깊이 패었다. 나도 킬킬 웃지 않을 수 없었다. 조셉이 내 마음을 꿰뚫었던 것이다. 질문하는 코치는 모두 독심술을 하나?

"여기서 배워야 할 교훈이 딱 한 가지 있어요. 의식적이든 무의식적이든, 자신에게 던지는 질문의 성격에 따라서 우리가 학습자의 자세나 심판자의 자세를 취하게 된다는 사실입니다. 그리고 학습자의 자세를 취할 때 인생을 가장 효율적으로 살아갈 수 있다는 겁니다."

"이 대목의 메시지는 자신에게 던지는 질문에 주목하라 정도인 것 같은데…."

"그렇습니다. 하지만 잠시 심판자의 길을 취했다고 해서 걱정할 필요는 없습니다. 관찰자적인 자아가 더 강하다면 질문을 전환하고 학습자의 자세로 되돌아가는 일이 훨씬 수월합니다. 그것이 모든 게 활짝 열리는 지점이지요.

벤, 우리가 심판자의 길로 들어가느냐 마느냐는 문제가 아닙니다. 우리 모두 인간이기 때문에 수시로 심판자의 길을 택할 수 있습니다. 진짜 문제는 자신의 의견을 굽히지 않고 계속 심판자의 길에 남아 있는 것입니다. 정말로 문제가 되는 경우도 그런 상황입니다."

"선생님 같은 존재가 되어서 이런 상황을 풀어나갈 수 있다면 정말 멋질 것 같군요. 하지만 선생님께서는 몇 년 동안이나 그 일을 해오셨고, 또 심판자의 질문을 가려내는 일에 일가견이 있는 게 분명합니다. 저에게도 그런 식견이 있는지 아직 자신하지 못하겠군요."

"아, 그 문제라면 당신이 생각하는 것보다 쉬워요. 심판자의 길에 들어서 있다는 사실을 말해주는 신호들은, 당신이 그것을 가려내는 방법을 배우기만 하면, 명백하게 드러납니다. 당신의 몸과 마음이 말해줄 거예요. 건설회사의 그 관리자를 만났을 때 내게 일어났던 일을 기억하나요? 내 기분이 그런 상태에 이르렀다는 사실을 깨닫기 전까지 그 사람과 나 사이에는 전혀 진전이 없었어요. 내가 심판자의 태도를 고집하는 한 결코 건설적일 수 없었던 거죠.

뒤에 그 사람과 나는 심판자와 관련 있는 기분과 태도에 대해 이야기했습니다. 독선과 거만함, 우월감, 그리고 방어적인 자세 등이 목록의 맨 위를 차지하더군요. 거기다가 다른 사람들을 경멸하거나 자기 자신을 낮춰보는 버릇을 더하면, 진정으로 곤경에서 벗어나는 데 필요한 처방을 갖춘 셈입니다. 의식적이든 무의식적이든, 우리가 스스로 던지는 질문들은 최악의 적이 되기도 하고 최선의 아군이 되기도 합니다. 나의 경험을 말한다면, 내가 좋지 않은 기분에 휩싸일 때마다 거기에는 거의 예외 없이 심판자의 질문과 태도가 개입되어 있었어요. 그런 사실을 깨닫는 즉시 나는 질문을 바꾸었고, 그 덕에 아주 다른 결과를 얻을 수 있었습니다."

"그러니까 몸과 마음이 지금 제가 무엇을 하고 있는지를 말해 준다는 말씀입니까? 심지어 제가 묻고 있는 질문의 성격까지 암시한다는 말씀이지요?"

"그래요. 몸과 기분은 마음이 움직이기 훨씬 전에 당신에게 메시지를 보냅니다. 그러니 신체의 언어를 배울 필요가 있겠지요. 그것을 당신의 몸에 저장된 조기경보 시스템으로 생각하세요."

신체 언어! 조기경보 시스템! 좀 지나친 표현 같았다.

"아직 제대로 이해하지 못했습니다. 설명을 좀 해주셔야 할 것 같군요."

"좋아요. 자, 이제 당신은 연구원이 되는 겁니다. 한 가지 실험을 하죠. 내가 말하는 것들을 당신이 직접 경험할 수 있는 길이 있어요. 먼저 성격이 서로 다른 질문들을 두 묶음으로 나눠 읊어 보지요. 당신이 할 일은, 각각의 질문이 당신에게 어떤 영향을 미치는지에 주목하는 것입니다. 근육에, 자세에, 호흡에, 그리고 신체 다른 부위에서 경험하게 되는 것들에 주의를 기울이세요."

그는 일어나서 다시 선택의 지도 쪽으로 걸어가 심판자의 함정 앞에 섰다.

"자신에게 이런 질문들을 던져보세요.

'누구 탓이지?'

'내가 뭘 잘못했지?'

'난 왜 이렇게 형편없는 낙오자가 되었을까?'

'어쩌다 내가 패배했지?'

'내가 옳다는 것을 어떻게 입증할 수 있을까?'

'어떻게 하면 내가 현실을 좌지우지할 수 있을까?'

'그들은 왜 그렇게 우둔하고 사람을 실망시킬까?'

'내가 어쩌다 이런 최악의 팀에 끼어 옴짝달싹 못할까?'

'왜 날 괴롭히지?'"

그가 이 질문들을 풀어놓자 가슴이 답답해졌다. 어깨도 뻣뻣해 졌다. 중요한 야구경기의 마지막 몇 분을 남겨두고 있는 신출내 기 피처처럼 섬뜩할 정도로 몸이 굳어왔다.

"선생님의 뜻이 무엇인지 알 것 같습니다. 몸 이곳저곳에서 얼 마간의 긴장이 분명히 느껴집니다."

"나도 그러리라 생각했어요. 나와 함께 이 실험을 한 사람 거의 대부분이 비슷한 반응들을 보였으니까요. 그 질문들을 들었을 때 당신이 느낀 기분을 어떤 단어로 묘사할 수 있을까요?"

나는 어깨를 움직여 보였다.

"그저 약간 불편했다고나 할까요."

"조금 더 구체적으로 설명한다면?"

조셉이 결코 날 놓아주지 않으리라는 사실을 나는 잘 알았다. 그는 정말 날 몰아붙이고 있었다. 나도 솔직해지기로 작정했다. 비록 그때 내가 느낀 감정을 스스로 인정하기가 쉽지 않았지만 말이다.

"글쎄요, 심판자의 함정에 빠져 있는 저 사람의 기분 같았어요. 수렁으로 자꾸만 빠져드는 듯하고, 옴짝달싹 못 할 것 같고."

이 대목에서 나는 말을 더듬었다. 나의 기분을 말로 옮기는 일에 그다지 익숙하지 않았기 때문이다.

"표현하는 게 쉽지 않다는 것을 잘 알아요."

내가 어려워한다는 사실을 눈치채고는 조셉이 말했다.

"내 워크숍에 참가하는 사람들은 다양한 단어들을 떠올립니다. 절망이나 속수무책이라는 표현을 쓰는 사람도 있습니다. 염세적이라거나, 소극적이라거나, 힘이 쏙 빠진다거나, 의기소침해진다거나, 불안해진다는 사람도 있었고요. 심지어 패배자라는 표현도 나와요."

역시 조셉은 쪽집게야! 그 단어 모두가 한결같이 나의 심금을 울렸으니.

"이런 느낌과 기분, 태도를 정확히 인식하는 방법을 배운다는 것은 곧, 심판자의 길로 들어설 때 그것을 정확히 인식하도록 프로그래밍하는 거나 마찬가지입니다. 당신이 내면의 관찰자적인 자아와 친숙해지기만 한다면, 어떤 질문이 당신의 발목을 잡는다

해도 금방 제자리로 돌아갈 수 있어요. 자신을 관찰할 수 있는 시간이 많으면 많을수록 당신은 더 객관적인 존재가 됩니다. 계속해서 당신이 좀더 객관적인 존재로 성숙해가는 데 필요한 도구를 제공하거든요. 그러면 당신은 곧장 학습자의 영역으로 들어가게 만드는 질문을 다듬어낼 수 있습니다. 이런 식으로 하다 보면 감정의 포로가 되지 않고, 감정을 주도적으로 다스려나갈 수 있게 됩니다. 이게 바로 질문사고의 기술을 완벽하게 소화할 때 얻을 수 있는 또 하나의 이점입니다."

호기심이 잔뜩 동한 나는 나 자신을 관찰자로 여기며 숨을 한번 깊이 내쉬었다. 그리고 몇 분 뒤 조셉의 사무실에 앉아 있는 나 자신을 살피는 척해보았다. 기분이 변하기 시작하는 게 느껴졌다. 처음에는 그 변화가 매우 미묘했다. 조셉의 격려를 받으면서 나는 기분의 변화를 조금 더 강하게 느낄 수 있었다.

"아하! 선생님께서 말씀하신 것처럼 되는 것 같아요. 언짢은 기분들이 멀찍이 밀려나고 있어요."

"자, 이제는 다른 길을 점검해보죠. 학습자의 길은 어떤지 살펴야겠지요."

조셉은 이번엔 벽화의 다른 부분, 즉 학습자를 가리키는 안내판 아래 섰다. 이야기를 계속 하기 전에 내가 몇 초 동안 호흡을 가다듬기를 바라는 듯했다.

"좋아요! 자, 여기에는 앞엣것과는 다른 종류의 질문이 한 묶음 있어요. 자신에게 한번 물어보세요.

'무슨 일이 일어난 거지?'

'여기서 도움이 될 만한 일이 뭘까?'

'나는 뭘 원하지?'

'내가 배울 점은 뭘까?'

'다른 사람들이 생각하고, 느끼고, 필요로 하고, 원하는 것은 뭘까?'

'어떻게 하면 양쪽에 다 유리하게 만들까?'

'어떤 일이 가능할까?'

'어떤 선택을 할까?'

'지금으로서 할 수 있는 최선의 일은 뭘까?'"

순간 나는 가벼운 흥분을 경험했다. 호흡도 한결 편해졌다. 앞서 제기된 질문의 묶음을 들었을 때는 느껴보지 못했던 기꺼운 마음과 열린 마음이 느껴지기 시작했다. 한 가지 사실이 특히 두드러졌다. 어깨에 긴장이 풀렸다는 점이다. 생각해보니 그런 기분을 느껴본 것이 참으로 오랜만이었다.

"어떻습니까?"

조셉이 웃으면서 물었다.

"정말 엄청난 차이가 있군요! 이 기분 정말 좋아요."

"두 번째 경험을 표현하는 단어를 찾는다면?"

"열렸다는 표현이 좋을 것 같네요. 가벼워졌고, 즐겁고, 호기심 넘치고, 낙관적이라면 되겠어요. 약간 희망적이고… 여하튼 제 문제에 대한 해결책이 있을 것 같아요."

"좋아! 아주 좋아요! 그 기분들은 당신이 학습자의 사고방식으로 옮겨갔다는 사실을 알려주는 신호입니다."

그전까지는 내가 무의식적으로 던지는 질문들이 내 기분과 행동을 좌우하는 과정에 대해 그토록 관심을 기울였던 적이 한 번도 없었다. 그렇게 볼 때 조셉이 질문사고라는 표현으로 설명하려는 것도 바로 그런 것이었음이 틀림없었다. 그렇다면 그 말은 무슨 뜻일까? '생각은 질문과 대답으로 이루어진다'는 그 말 말이다. 어떻게 그 말을 좋아할 수 있지! 나라는 존재는 언제나 전략적으로 생각하는 사람이라는 점에 대단한 긍지를 느껴왔는데. 혹시 내가 절반의 진실밖에 모르고 있는 것은 아닐까 의심이 들기 시작했다. 만약에 조셉의 이론이 맞다면, 우리가 자신에게 던지는 질문들은 우리의 의사결정 과정과 그 결과에 절대적인 영향력을 행사할 것이다.

"당신이 여기서 얻었으면 싶은 교훈은 그러니까 이런 것이죠. 우리가 자신에게 던지는 질문에는 우리의 호기심을 자극하고, 영감을 불러일으키고, 새로운 발견으로 마음을 열게 하고, 성공의 길로 이끄는 것이 있는가 하면, 우리를 절망과 무기력, 실패로 몰아넣는 질문도 있습니다. 건설회사의 관리자와 만난 그날, 나 자신이 심판자의 길에 들어서 있다는 사실을 인식하는 순간 우리 사이에 돌파구가 열렸지요. 나는 질문들을 바꾸었고, 당연히 그 후로 모든 것이 달라졌습니다. 그 관리자에게 선택의 지도를 보여줬습니다. 선택의 지도를 피해 갈 수 있는 사람은 아무도 없다

```
┌─────────────────────────────────────────────┐
│                                             ?  │
│                 심판자의 질문                     │
│                                                │
│                                                │
│   뭐가 잘못됐지?                                  │
│   누구 탓이지?                                    │
│   내가 옳다는 것을 어떻게 입증할 수 있을까?              │
│   어떻게 나의 세력권을 보호할 수 있을까?                 │
│   어떻게 통제할 수 있을까?                            │
│   내가 질 수도 있겠지?                               │
│   내가 상처받을 수도 있겠지?                           │
│   그들은 왜 그렇게 어리석고 실망스러울까?                  │
│   왜 날 괴롭히지?                                   │
│                                                │
│   우리는 누구나 두 가지 성격의 질문을 한다.              │
│   그리고 우리에겐 그 질문들 중 하나를 선택할 힘이 있다.    │
│                                                │
└─────────────────────────────────────────────┘
```

고 그랬지요!"

조셉의 함박웃음이 두 귀에 걸렸다.

"그런데 그 사람이 이해를 하던가요?"

"오, 당연히 이해를 하지요. 마지막에 아주 재미있는 말을 한마디 하더군요. 그의 표현을 그대로 빌리면, '심판자의 아젠다에 매달릴 경우 그에 따르는 비용이 엄청날 수 있어요. 미래는 과거를 그저 재생하는 것에 지나지 않을 테고요. 그런데 학습자의 프로

학습자의 질문

제대로 돌아가는 것은 뭘까?

내가 책임질 일은 뭘까?

사실은 뭘까?

큰 그림은 뭘까?

어떤 선택을 할까?

이 일에서 유익한 것은 뭘까?

내가 배울 점은 뭘까?

다른 사람들이 생각하고, 느끼고, 필요로 하고, 원하는 것은?

어떤 일이 가능할까?

우리는 누구나 두 가지 성격의 질문을 한다.

그리고 우리에겐 그 질문들 중 하나를 선택할 힘이 있다.

그램을 택하면 언제나 전원이 켜져 있는 셈입니다. 전기가 늘 흐르지요. 그러면 완전히 새로운 미래를 개척할 수 있어요.' 라더군요."

조셉이 의자에 편안하게 앉으며 물었다.

"지금 이 순간 마음속에 어떤 일이 벌어지고 있지요?"

"이제 막 깨달았어요. 찰스가 없었다면 우선 제가 심판자의 길로 내려가는 일은 벌어지지 않았을 거예요. 그가 없었더라면 심판자의 함정에서 스스로 빠져나올 수 있었을 겁니다. 그 친구가 나를 미치게 만들어요."

"찰스에 대해 더 말해보세요."

조셉이 정말 듣고 싶다는 표정을 지으며 말했다.

"그 사람은 내가 책임을 맡고 있는 프로젝트 팀의 이인자예요. 그런데 그 친구는 제가 말하는 모든 일에 도전적으로 나옵니다. 그에겐 저를 사사건건 물고 늘어질 만한 그럴듯한 구실이 있어요. 제가 그를 앞질러 그 자리에 올랐거든요. 물론 그 사람은 분개하고 있지요. 제가 그의 입장이라도 그랬겠죠! 그는 그야말로 이것저것 모르는 게 없는 사람입니다. 성미가 까다롭고 좀스럽지요. 그 사람은 저를 사보타주하고 있는 겁니다. 그게 문제의 요체인데, 그 사람이 성공하고 있는 것처럼 보여요."

"찰스에 대해 생각할 때면 당신 마음에 어떤 질문부터 튀어나옵니까?"

내가 킬킬 웃었다.

"아주 쉬워요! '이 녀석이 나를 망가뜨리기 전에 이놈을 가죽 끈으로 묶어버릴 수는 없을까?'라는 생각이 먼저 떠올라요."

"그 외에 다른 질문은?"

"엄청 많지요! '어떻게 하면 이 녀석을 부릴 수 있을까?', '어떻게 하면 이 녀석이 일을 내 의도대로 처리하게 할 수 있을까?' 등등…."

"그리고?"

"그리고… 글쎄요, '어쩌다 내가 이런 궁지에 몰리고 말았을까?', '내가 이 자리에서 잘 해낼 수 있으리라고 믿게 만든 게 도대체 뭐였을까?'"

"자신에게 한번 물어보시지요. 그런 물음들이 학습자의 질문인지 아니면 심판자의 질문인지. 그리고 그것이 어떤 성격이냐에 따라 당신과 찰스의 관계에 영향을 미칠 수도 있나요?"

"선생님께서 어떻게 생각하시든… 그 친구를 생각할 때면 떠오르는 질문이 그런 것들입니다."

"알겠어요, 이해합니다. 그런데 당신을 좌절시키는 것이 찰스입니까, 아니면 찰스의 행동을 대하는 당신의 방식입니까? 그 사람은 자신이 할 수 있는 모든 것을 하려고 하지요, 당신이 선택을 하는 순간마다 말입니다. 당신을 위한 질문은 이렇습니다. 찰스가 자기 일을 할 때 당신은 학습자의 질문을 택하느냐 아니면 심판자의 질문을 택하느냐 하는 것입니다."

"지금 무슨 말씀을 하십니까?" 내가 흥분해서 재빨리 되받았다. "그 녀석은 세상 물정 모르는 바보예요. 기회가 올 때마다 내 등에 칼을 꽂는다는 사실을 알고도 어떻게 태연한 척 행동할 수 있어요? 찰스가 제게 하는 짓과 저의 행동을 따로 떼놓고는 생각할 수 없는 일 아닌가요?"

"아, 하지만 그게 바로 묘미입니다. 당신은 얼마든지 그와 무관하게 행동할 수 있어요. 다른 사람들과도 마찬가지죠. 그 전까진 당신이 가진 힘을 계속 내다버리는 셈입니다. 당신은 꼭두각시일 뿐이지요. 누구라도 당신을 마음대로 조종할 수 있으니까요."

정말 지겹게 만드는군! 지금까지 살아오면서 나는 자신을 잘 통제해왔다는 점에 긍지를 느껴왔다. 조셉의 말에 대한 나의 첫 반응은, 나를 궁지에 빠뜨리는 사람이 찰스만은 아니구나 하는 것이었다. 이제 보니 조셉 역시 나를 곤혹스럽게 만드는 존재였다. '이 사람은 뭘 증명해 보이려는 걸까?', '이 사람은 나에게 불리한 무엇을 알고 있을까?', '조셉이 이런 식으로 몰아세울 정도로 내가 잘못을 했단 말인가?' 나 자신이 방어적이고 독선적으로 흐르는 느낌이 들었다. 그러자 어떤 생각이 머리를 치고 지나갔다. 바로 조셉이 건설회사 관리자를 만났을 때 그랬던 것과 똑같이 나도 심판자의 길로 훌쩍 뛰어들었다는 생각이 들었다.

"선생님의 의견에 동의하고 말고가 아닙니다." 부글부글 끓어오르는 속을 삭이면서 말했다. "이 문제를 어떻게 달리 볼 수 있는지 상상을 못하겠습니다."

"그게 질문입니까?"

"무슨 말씀이세요?"

"그 말을 질문 형식으로 다시 만들 수 있겠습니까?"

"말하자면, '어떻게 하면 이 일을 달리 볼 수 있을까?' 이런 식으로 말입니까?"

"정확해요. 눈치채시겠어요? 당신은 이제 막 학습자의 길로 들어섰어요. 그것도 너무나 빨리요. 여기 나의 대답이 있습니다. 찰스가 무슨 짓을 하든 상관없이 선택의 지도와 당신의 몸이 암시하는 메시지에 대해 지금까지 배운 것들은, 한 걸음 물러서서 당신이 심판자의 길에 들어섰는지 아니면 학습자의 길에 들어섰는지를 관찰하는 데 도움이 될 겁니다. 이제 당신은 관찰자적인 자아에 큰 능력을 부여했습니다. 그래서 당신의 영화를 잠시 관람할 수 있게 되었습니다. 그러고 나면 찰스의 행동과 '그의 행동을 어떤 식으로 다스리겠다고 당신이 선택하는 방식' 사이의 차이를 파악할 수 있을 겁니다."

조셉의 설명을 이해하려고 노력했지만 쉬운 일이 아니었다. 나의 뇌리에는 아직도 심판자의 질문들이 굴러다니고 있었다.

"잠시 갈림길에 서 있는 저 초라한 사람에게 돌아가보죠."

조셉이 선택의 지도를 가리키며 말했다.

"기억하세요. 이 사람은 해결해야 할 어떤 문제에 봉착한 우리 모두를 대표합니다. 이 사람은 발걸음이 매우 무겁습니다. 그 앞에는 두 갈래 선택이 놓여 있어요. 그 선택이 어떤 것인지는 잘 알죠?"

거기까지 잘 알아들을 수 있다는 사실에 고마워하며 나는 고개를 끄덕였다.

"이 사람은 멈춰 서서 심판자나 학습자와 관련 있는 신체의 기본적인 느낌이나 기분을 점검할 수 있겠지요. 그 기분이나 감정이 그가 그 순간 어디에 서 있는지를 알려줄 것이고요. 그가 던지는 자기성찰의 질문들이 어떤 성격인지를 말입니다. 그는 선택할 수 있습니다. 선택의 자유가 있지요."

이 단계에 이르자 마음속에서 정말로 불꽃놀이가 벌어졌다. 조셉이 나를 비난하려는 게 아니라 실용적인 도구 몇 가지를 내놓고 있다는 사실을 깨닫기 시작했다.

"털어놓아야겠어요. 심판자와 학습자의 질문을 구분하는 일이 제가 생각했던 것만큼 어려워 보이지 않는다는 걸요."

조셉은 거의 박수를 칠 듯했다.

"예, 예. 정말 대단해요! 자신의 사고를 관찰하고, 학습자와 심판자의 질문의 차이를 인식할 수 있다면, 당신은 이제 선택의 힘을 장악한 것입니다."

조셉은 이 대목에서 극도로 흥분하는 것 같았다.

"당신은 진도가 아주 빨라요. 알렉사가 그렇게 높이 평가했던 당신의 장점 하나를 또 보았어요."

그가 손목시계를 얼핏 쳐다보았다.

"정각 1시가 약간 넘었군요. 오늘은 여기서 끝내고 내일 아침에 다시 하지요."

사무실에서 나오는 길에 조셉이 걸음을 멈추더니 서랍에서 무엇인가를 끄집어냈다. 표지에 커다란 물음표가 그려진 흰색 서류철이었다. 그는 그것이 질문사고 워크북이라고 설명했다. 우리가 머리를 맞대는 동안 나에게 활용법으로 제시할 도구와 교훈들이 적혀 있었다. 그는 또 다른 서랍을 열고 선택의 지도 한 부를 꺼내 내게 건넸다.

"이것들을 모두 가져가세요. 사무실에 도착하거든 선택의 지도를 연구하세요. 그러고는 그 서류철에 집어넣으면 됩니다. 먼저 약속을 해야겠습니다. 이걸 집으로 가져가서 냉장고 문에 붙여놓겠다고."

나는 신음을 삼켰다. 도대체 그레이스에게 이 모든 일을 어떻게 설명하지?

복도를 걸어가는 동안 조셉이 그때까지 얘기했던 것들을 요약해주었다.

"지금 당신이 초점을 맞춰야 할 것은 이런 겁니다. 기억하세요, 우리가 마음속에서 만들어내는 질문들은 우리의 선택과 행동을 규정할 뿐 아니라, 나중에 그 결과까지 좌우합니다. 질문의 성격에 따라 우리는 두 가지 길, 즉 학습자의 길과 심판자의 길 중 하나에 들어서게 됩니다. 중요한 것은 둘 사이에 엄청난 차이가 있다는 점입니다.

선택의 지도, 그리고 학습자의 질문과 심판자의 질문을 구분하는 것과 같은 질문사고의 도구들은 당신이 지금 묻고 있는 질문의 성격이 어떤 것이며, 또 그것이 당신을 어디로 안내할지 깨닫게 하는 능력을 부여합니다.

만일 그 질문들이 당신이 원하는 곳으로 데려가지 않는 것처럼 보이면 다시 질문을 다듬어보세요. 학습자의 질문과 심판자의 질문을 생각하세요. 그것만으로도 인생에 극적인 변화가 일어날 수 있어요. 지금 우리는 핵심적인 자기관리 기술에 대해 이야기하고 있습니다. 자신뿐만 아니라 다른 모든 사람과의 관계에도 그대로 적용할 수 있는 기술입니다."

조셉이 말하는 소리가 들리긴 했지만, 사실 나의 관심은 그레이스에게, 그리고 그녀가 과연 어떻게 반응할 것인가 하는 두려움에 모아져 있었다. 솔직히 말해, 나는 그날의 만남이 늦어질 것 같아 마음속으로 고맙게 생각하고 있었다. 그것은 곧 아내가 침실로 들어가기 전에 선택의 지도를 냉장고에 붙여야 하는 일은 일어나지 않는다는 뜻이니까. 그렇게 되면 적어도 내일까지는 아내에게 이 문제를 이야기하지 않아도 좋을 것이다.

이중문에 이르러 조셉이 걸음을 멈추었다. 나는 그를 똑바로 바라보기 위해 몸을 돌렸다. 그의 어깨 위 뒤쪽 벽에 알렉사의 사진이 보였다. 상을 받는 옆모습이 담긴 사진으로 잡지에서 구한 것 같았다. 인정하기가 좀 거북하지만, 나는 그 기사에 대해 전혀 아는 바가 없었다. 알렉사를 알고 지내온 세월을 고려한다면 당연히 알았어야 할 일인데도 말이다.

"그럼 내일 봅시다."

조셉이 활달한 목소리로 인사했다.

현기증이 일어날 정도로 머릿속은 어지럽게 돌아가고 있었다. 내 인생이 송두리째 뒤집히고 있었다. 어디까지가 건물의 바닥인지도 눈에 들어오지 않았다. 정말로 날 당혹스럽게 한 사실은 그런 한편으로 마음이 한결 가벼워졌다는 점이었다. 그 어느 때보다 낙관적이었다.

알렉사가 정확히 알았던 사실 하나는, 조셉이라는 사람이 삶에 변화를 일으키는 법을 도발적인 방식으로 볼 줄 안다는 점이었다. 나는 이렇게 생각하기 시작했다. 그와 머리를 맞대다 보면 직장생활을 다시 제 궤도에 올려놓을 해결책이 떠오르지 않을까 하고.

변화는 이미 시작되었다

4:

"생각이 행동을 낳는 법이죠. 그건 기본적인 원리예요.
그렇지만 질문이라는 측면에서 그런 원리를 생각해본 적은 지금까지
한 번도 없었어요. 질문이 행동을 낳아요. 내가 볼 때 그 비결은,
우리를 학습자의 마음에서 벗어나지 않도록 지켜주는 것 같군요."
우리 부부의 대화가 얼마나 멀리 나아가고 있는지, 그리고
그레이스가 얼마나 빨리 진도를 따라잡는지, 정말 깜짝 놀라지
않을 수 없었다. 조셉이 내게 가르쳐준 것들을 그렇게 많이
기억하고 있다는 사실에 나는 또 한번 놀랐다.

ChangeYour
Questions
ChangeYour
Life

■■■ 다음날 아침 일찍, 은은한 커피 향에 잠을 깬 나는 계단을 내려가 부엌으로 갔다. 언제나 그레이스가 나보다 먼저 일어난다. 그녀는 매일 아침 일찍 잠자리에서 일어나 새 날을 열정적으로 맞이하는 그런 사람이다. 나와는 정반대다. 그레이스는 아침에 나를 보면 마치 긴 동면에서 기어나오는 곰 같다고 말한다. 나는 그렇게 형편없어 보이지는 않는다고 생각하는데. 하지만 분명한 것은 가슴으로 노래를 부르며 하루를 시작하진 않는다는 점이다.

부엌으로 들어가다가 등을 돌린 채 냉장고 앞에 선 그레이스를 발견했다. 그녀는 선택의 지도에 집중하고 있는 듯했다. 그 모습을 보는 순간 그녀가 무슨 말을 던질지 걱정부터 앞섰다. 아내가 선택의 지도에 대해 꼬치꼬치 캐물을 게 분명했고, 그러면 난 모든 일을 털어놓아야 할 것이었다. 직장에서 겪고 있는 문제는 물론이고 그 외의 다른 모든 일까지 말이다. 그러다 보면 내가 선택의 지도를 손에 넣게 된 경위와 그것이 냉장고 문에 붙어 있게 된 사연까지 죄다 나오겠지. 조셉에 대한 이야기까지 해야 할 테고.

그녀에게 모든 걸 털어놓지 않고도 위기상황을 넘길 방법이 뭘까 궁리하고 있는데, 갑자기 그레이스가 내 쪽으로 몸을 돌리더니 나를 꼭 안아주는 게 아닌가. 어안이 벙벙했다. 전날 공항에서 한바탕 말다툼을 벌인 뒤라 난 아내가 아직도 화가 나 있으리라 짐작하고 있었다.

"이걸 어디서 얻었어요? 정말 멋져요!"

아내는 선택의 지도를 냉장고에서 떼어낸 뒤 그것을 쥐고 펄럭였다. 난 어떤 훈련 과정에 필요한 인쇄물이라는 둥 지도에 대해 무슨 말인가를 웅얼거리며 내가 마실 커피와 그레이스가 마실 커피를 한 잔씩 따랐다.

"정말 놀랐어요. 이걸로 나는 이미 뭔가를 좀 배웠어요. 제니퍼라고, 내 사무실에 근무하는 직원 기억나요? 요즘 내가 그녀를 꽤나 힘들게 하고 있는 것 같아요. 몇 미터만 가까이 가도 그녀가 내게 굽실거리는 게 느껴지거든요. 이 지도를 보면서 내가 정말 심판자의 입장에서 그녀를 대해왔다는 사실을 깨달았어요. 이 지도에서처럼 말예요. 그녀도 우왕좌왕 상당히 헤매고 있어요. 그런데 이 지도를 보니 그런 문제가 생겨난 데에 나 자신도 기여한 바가 많지 않나 하는 생각이 드는군요."

"모든 게 당신이 묻는 질문의 성격에 달렸어."

내 말은 마치 전문가의 설명처럼 들렸다. 전문가와는 아직 거리가 한참 멀뿐더러 그럴 생각이 전혀 없었는데도 그만 내 입에서 불쑥 튀어나오고 만 말이었다. 꼭 조셉이 하는 말 같다고 느끼면서 나 자신을 점검했다. 부엌에서 나는 얼마 전까지만 해도 그레이스와 공유하기를 무척 꺼렸던 무엇인가에 대해 자유롭게 이야기하고 있었다. 다음에는 어떤 말을 할 수 있을까? 조셉의 아이디어에 대해서 많은 것을 설명할 수는 없을 것이다.

"질문이라뇨? 나는 제니퍼와는 질문을 주고받는 그런 단계까지는 가지 않았는데."

"조셉이라는 사람에 따르면, 이 지도를 고안해낸 장본인인데…."

"잠깐만요, 조셉이 누구예요?"

그녀에게 진실을 말할까 말까 고민하면서, 그녀를 멍하니 응시했다. 난 모든 것을 단순하게 받아들이자고 결심했다.

"알렉사가 고용한 컨설턴트야."

꼭 필요한 것 외에는 절대로 더 설명하지 않겠다는 다짐이 앞섰다.

"그 사람 말로는, 우리는 대부분의 시간을 자신이나 다른 사람에게 질문을 던지면서도 그런 사실을 인식조차 못 한다고 해."

그레이스가 당황하는 기색을 보였다. 난 그녀 쪽으로 바짝 다가가 갈림길에 선 가엾은 사람을 가리켰다.

"바로 여기에 열쇠가 있어."

내가 생각, 기분, 상황이라는 단어를 가리키면서 말했다.

"일이 일어나는 순간, 그때가 바로 우리가 질문을 시작해야 할 때야. 질문의 성격을 빨리 파악하면 할수록 더 유리해지는 거야. 그러면 선택의 폭이 더 넓어지거든."

이게 정말 내가 하고 있는 말인가? 조셉이 가르쳐준 내용을 그렇게 많이 기억해낼 수 있다는 사실이 그저 놀랍기만 했다.

"내가 중요하게 본 것은 이 두 개의 길이에요."

그레이스가 손가락으로 처음에는 한쪽 길을, 그 다음에는 다른 길을 따라 짚으며 말했다.

"학습자의 길을 취하면 줄곧 무난하게 가겠군요. 보세요, 이 남자가 말하고 있어요. '나는 뭘 원하지?', '어떤 선택을 할까?', '내가 배울 점은 뭘까?' 라고. 오, 맞아요, 이것들이 바로 질문이군요. 그리고 심판자의 길에 선 저 남자, 그는 다른 질문에 사로잡혀 있어요. '누구 탓이지?', '그들이 뭘 잘못했지?' 라고요. 벤, 솔직하게 말할게요. 사무실에서 말예요, 핀이 떨어지는 소리라도 들리거나 누군가 한숨을 쉬는 소리가 들리면 그때마다 '오, 제발, 지금 뭐가 잘못되었을까? 혹시 제니퍼가 오늘도 엉망으로 망쳐버리는 건 아닐까?' 하는 생각부터 떠올라요. 그러면 눈 깜짝할 사이에 다시 그녀를 미워하게 돼요. 벤, 어제 그녀가 무슨 짓을 했는지 아세요? 그녀가… 아니, 참아야겠어요. 그러면 그 생각이 나를 곧장 심판자의 영역으로 몰아넣을 것 같아요, 그렇죠?"

"그것의 작동 원리는… 말하자면 한 순간도 빠지지 않고 질문

이 일어난다는 거야. 물론 그 질문들엔 훌륭한 것도 있고 나쁜 것
도 있어. 둘 다 우리가 의식하지 못하는 사이에 우리 마음속에서
일어나지. 그런데 심판자의 성향이 강할 때는 질문도 그와 똑같
은 형태를 띠는 경향이 있어. 만약 학습자의 위치에 서면 그런 방
향으로 질문을 할 거야."

"생각이 행동을 낳는 법이죠. 그건 기본적인 진리예요. 그렇지
만 질문이라는 측면에서 그런 진리를 생각해본 적은 지금까지 한
번도 없었어요. 질문이 행동을 낳아요. 내가 볼 때 그 비결은, 우
리를 학습자의 마음에서 벗어나지 않도록 지켜주는 것 같군요."

우리 부부의 대화가 얼마나 멀리 나아가고 있는지, 그리고 그
레이스가 얼마나 빨리 진도를 따라잡는지, 정말 깜짝 놀라지 않
을 수 없었다. 조셉이 내게 가르쳐준 것들을 그렇게 많이 기억하
고 있다는 사실에 나는 또 한번 놀랐다. 아내에게 들려주고 있는
이야기가 정확히 맞는지는 아직 확신할 수 없었다. 그러나 상당
히 근접한 것처럼 보였다. 선택의 지도가 그레이스에게 잘 먹혀
들고 있다는 사실은, 그것도 매우 빠르게 받아들여지고 있다는
사실은 조셉의 아이디어들이 썩 훌륭하다는 것을 입증해주는 좋
은 증거였다.

"조셉에 따르면 때론 자신도 모르게 심판자의 길로 미끄러져
들어가는 것은 극히 자연스런 일이라는군. 사실 우리는 늘 두 가
지 사고방식 사이를 왔다갔다하지. 그게 인간 본성이래."

이 말을 할 때조차도 나는 아내에 대해서, 그리고 전날 공항에

서 겪었던 아슬아슬했던 순간에 대해서 생각하고 있었다. 아직은 아내와 모든 것을 터놓고 애기할 마음의 준비가 되어 있지 않았다. 그렇지만 적어도 그 중 일부를 해명할 용기는 있었다.

"어제, 차량의 물결 속으로 들어가려다 규정 속도의 두 배 정도로 과속하던 택시와 충돌할 뻔했어. 번쩍 번개가 치는 것 같았어. 당신도 그 기분 알겠지? 눈 깜짝할 사이에 일어난 일이었어. 당장 그 녀석을 패죽이고 싶은 마음이 간절했어. 낮은 목소리로 저주를 퍼부었지."

"정말로 당신이 걱정될 때가 있어요."

그레이스가 머리를 흔들며 말했다.

두 어깨가 팽팽하게 긴장되었다. 나 자신을 방어할 태세를 갖췄다. 지금까지 한 번도 사고를 일으키지 않았음에도 불구하고 아내가 내 운전 실력을 인정하지 않는다는 사실을 나는 잘 알고 있었다. 이 문제를 놓고 우리는 언쟁을 벌였다. 하지만 나의 내면에서 이런 목소리가 들렸다. '오늘 아침에는 그런 식으로 나서지 마. 지금 일이 잘 돌아가고 있잖아. 그러니 망치지 말라고.'

"그것도 한 예야. 그런 식으로 충돌 직전까지 가니 금방 내가 심판자의 길로 들어서더라고. 내가 잘했다고 말하는 건 아냐. 난 화가 머리끝까지 치밀었어. 그런데 조금 있다가 내게 어떤 일이 일어났는지, 그 즉시 내가 심판자의 자세를 취했다는 사실을 깨달았어. 그런 변화를 알아채기는 처음이었어."

그레이스에게 모든 이야기를, 그날 아침 경험한 모든 일들을 내가 어떻게 한 두름으로 엮어냈는지에 대해 다 털어놓고 싶었다. 나는 사표를 던질 것인가 말 것인가를 놓고 애를 태우고 있었다. 그리고 조셉을 만나야 한다는 사실도 짜증스러웠다. 나는 궁지에 몰리고 있었고, 연기처럼 사라지려는 내 경력에 대해 걱정하고 있었으며, 그 와중에 우리의 관계를 문제삼으며 날 압박하는 그레이스에게도 화가 나 있었다. 모든 것이 커다란 심판자의 함정이었다. 그리고 난 진흙 구덩이 속으로 빠져들고 있었던 것이다.

이런저런 생각이 마음속을 가로지르고 있을 때 내 머릿속에 불이 하나 켜졌다. 내가 어떤 길에 올라서 있는지가 너무나 명백했다. 분명한 것은 학습자의 길은 아니었다! 그때 나는 깨달았다. 조셉의 입장에서 보면 나 자신도 심판자의 성향이 강한 그 건설회사 관리자 못지않게 큰 도전이겠다는 사실을. 어깨를 축 늘어뜨린 채 그의 사무실로 들어섰을 때, 마음속으로는 그와의 만남이 시간낭비일 게 뻔하다고 확신하지 않았던가. 그런 상태에서, 어쨌든 그의 말이 조금이나마 받아들여졌다는 사실은 기적이었다. 이제 나는 그레이스에게 그와의 만남에서 배운 것을 털어놓고 있었다. 마치 내가 질문사고라는 것에 대해 훤히 알고 있다는 듯이 말이다.

그녀가 말했다.

"이 지도는, 이를테면 내가 심판자의 꽉 막힌 머리에 갇히게 될 때 실제 내게 어떤 일이 일어나고 있는지 일깨워주는 훌륭한 스승이라고 생각해요."

그레이스는 한동안 돌아서 있더니 식탁에 다시 앉았다. 지도를 더 자세히 검토하면서 그녀는 커피를 홀짝이고 토스트를 뜯어 먹었다. 나는 손수 그릇에 시리얼과 우유를 붓고 그 맞은편에 앉았다. 잠시 후 그레이스가 약간 부끄러운 표정을 지으며 나를 올려다보았다.

"이 지도가 우리를 도울 수 있을지도 모르겠어요. 우리의 관계 말예요. 당신 생각은 어때요?"

그녀의 목소리에는 날 비난하거나 판단하려는 기미가 전혀 없었다. 그 사실에 진정으로 감사하는 마음이 우러났다.

"조셉이 말하기를, 우리네 삶에는 언제나 무슨 일인가 일어나고, 우리가 이 길에서 저 길로, 저 길에서 이 길로 옮겨가는 순간이 끊임없이 이어지고 있다는데…."

"그런데 당신 생각은 어떤가 말예요? 이 지도가 우리를, 당신과 나를 도울 수 있다는 생각 안 들어요?"

이번에는 그녀의 목소리에 약간 날이 서 있었다. 그녀는 정말로 내 생각이 어떤지 듣고 싶어했다.

"내가 말했듯이 우리 인생의 모든 분야에 적용된다고 생각해. 상당히 효과적인 도구지."

"그건 무슨 뜻이죠?"

난 그레이스의 시선을 무시하려고 애썼다. 지금까지 대화를 잘 이끌어왔는데, 이제 와서 망치고 싶지 않았다. 이미 난 스스로 질문을 던지고 있었다. '무슨 어리석은 말을 해서 일을 다시 그르치려는 거야?' 그리고는 그 다음 말을 삼켰다. 그렇게 간단한 질문도 나를 저 아래 심판자의 길로 밀어붙이고 있었던 것이다. 하지만 이번에는 그런 일이 벌어지고 있다는 사실을 스스로 깨달았고. 그래서 나는 도움이 될 만한 질문으로 바꿔야 한다는 조셉의 가르침을 떠올렸다. '어떻게 하면 대화를 긍정적으로 이어갈 수 있을까?'

"미안해요." 그레이스가 말했다. "지금 막 내가 당신에 대해 심판자의 자세를 취하려 했다는 걸 깨달았어요."

나도 모르게 웃음이 터져나왔다.

"나도 그랬어. 나도 그랬다고."

"뭐가 그렇게 우습죠?"

"여보, 사랑해!"

난 두 팔로 아내를 꼭 끌어안았다.

"당신, 사나흘 전에 같이 저녁 먹기로 해놓고 내가 약속시간에 늦었던 거 기억나?"

그녀가 고개를 끄덕이는 것이 어깨 위로 느껴졌다.

"우리 그때 누가 약속시간을 착각했느냐 하는 문제를 놓고 언쟁을 벌였잖아. 그때 당신이 너무 놀라운 행동을 했어. 갑자기 언쟁을 뚝 멈추었잖아. 그랬더니 모든 게 확 바뀌었어. 당신도 기억하지?"

"그럼요, 기억하고말고요!"

그녀가 나의 뺨에 키스하면서 만족스런 미소를 지었다. 그렇게 멋진 밤을 떠올리면서 진지한 표정을 짓기는 어려웠다. 그렇지만 나는 핵심을 분명히 전달하고 싶은 마음이 간절했다.

"조셉은 심판자에서 학습자로 전환하는 법에 대해서도 이야기했어. 단 한 가지 질문으로도 심판자에서 학습자로 자리를 확 바꿀 수 있다고 말이야."

"이처럼 말이지요, 만약 내게 이런 질문을 던지면 전환이 가능하지 않을까요. '나는 이 말다툼에서 이기기를 원하는가, 아니면 오늘밤 멋진 시간을 갖길 원하는가?'"

그레이스는 내 품에서 몸을 뺐지만 두 손만은 내 어깨 위에 그대로 올려놓은 채였다.

"당신은 그런 식으로 마술을 부려?"

"그런 셈이죠."

그녀가 내 쪽으로 다시 몸을 기대왔다.

"그렇지만 질문이라는 차원에서 그걸 생각해본 적은 한 번도 없었어요."

"농담이 아니야."

난 여전히 그레이스에게 핵심을 분명히 얘기해주고 싶었다.

"조셉의 말을 당신이 그대로 실천하고 있다는 걸 깨달았어. 그런 사실을 인식하지 못했을지라도, 어쨌든 당신은 질문을 바꿈으로써 그렇게 했어. 그게 당신의 기분 전환 비법이었어!"

"난 그런 전환이 좋거든요!"

"나도 그래."

나는 그녀를 다시 끌어안았다.

"당신은 어떻게 그런 걸 배웠어?"

아내가 대답하기 전에 스토브에서 전자시계가 울었다. 그레이스는 출근시간을 알기 위해 언제나 시계를 울리게 해두었다.

"이런!"

그녀가 한숨을 내쉬며 갑자기 사무적인 모습으로 돌변했다.

"미안해요, 벤. 더 이야기하고 싶지만 지금은 곤란해요. 중요한 회의가 있거든요."

그녀는 즉시 샤워를 하고 옷을 차려 입기 위해 2층으로 뛰어 올라갔다. 그리고 20분 뒤 나에게 작별 키스를 하고 현관으로 달려나갔다. 커피를 한 잔 더 마시려고 따르다가 나는 선택의 지도가 사라진 것을 알아차렸다. 그레이스가 그것을 직장에 가지고 갔던 것이다.

출근하려고 차를 타려는데 와이퍼 밑에 작은 쪽지가 꽂혀 있는 게 보였다.

여보. 선택의 지도를 가져다준 것 너무 고마워요. 특히 오늘 아침에 나눴던 유익한 이야기도 고마웠어요. 선택의 지도가 내게 얼마나 의미 있는 건지 당신은 상상도 못할 거예요.

사랑해요, 그레이스가.

그레이스가 선택의 지도를 가져가리라고는 전혀 예상하지 못했다. 그래도 나쁠 건 없었다. 지도야 조셉한테서 한 부 더 얻으면 되니까. 적어도 지금 당장은 아내의 눈에 내가 긍정적인 쪽으로 변화하고 있는 것으로 비치는 것 같았다. 좋아! 어깨를 짓누르던 삶의 무게가 한결 가벼워지는 느낌이었다.

내면의 새로운 눈과 귀의 발견

5:

그 질문이 번개처럼 나를 내리쳤다. 이런 문제가 나올 줄이야!
이제는 나도 심판자의 함정에 빠져 있으면 일처리가 늦어지고,
다른 사람과의 의사소통도 그들에게는 물론이고 나에게도 점점 더
힘든 도전이 된다는 사실을 깨달았다. 그 당시엔 인정할 수 없었지만,
되돌아보면 내가 심판자의 함정에 빠져 허우적댈 때마다 팀 전체가
거의 정체 지경에 이르렀던 것이다. 내 주위에는 일이 무척
나쁘게 돌아가고 있음을 말해주는 증거들이 가득했다.

ChangeYour
Questions
ChangeYour
Life

■■■ 그날 아침 내가 펄 빌딩 엘리베이터에서 내렸을 때, 조셉은 커다란 붉은색 물뿌리개로 화초에 물을 주고 있었다. 나라면 직원에게 맡겼을 법한 일을 그가 손수 하고 있다는 사실이 무척 놀라웠다. 그는 내 쪽으로 몸을 돌리고 다정한 미소를 지었다.

"난 식물을 가까이 두고 가꾸는 일을 무척 즐겨요. 이것들을 볼 때면 언제나 살아 있는 모든 존재는 우리의 관심을 필요로 한다는 사실을 상기하게 됩니다. 사무실이라면 적어도 식물이 한두 그루는 있어야 해요. 내 아내 새라는 우리 집 정원사예요. 아내는 식물이 가까이 있으면 질문을 던지지 않을 수가 없다고 말하죠. '저 나무들이 물을 충분히 먹고 있을까? 햇빛은 충분히 받고 있을까? 가지치기를 좀 해줘야 하지 않을까? 특별한 양분이 필요한 것은 아닐까?' 말하자면 식물들은 질문을 먹으며 성장해가는 셈입니다. 인간 존재도 마찬가지예요."

그는 물 주기를 서둘러 마무리했고, 우리는 함께 안으로 들어 갔다.

"어제는 선택의 지도에 대해, 그리고 학습자와 심판자의 길이 우리에게 무엇을 말해주는지에 대해 이야기하다가 공부를 끝냈어요. 지금까지 이야기한 내용에 대해 특별히 생각한 거라도 있습니까?"

그레이스에 대해, 그날 아침 부엌에서 주고받은 대화에 대해, 그리고 아내가 선택의 지도를 사무실로 가져간 일에 대해 조심스럽게 들려주자 그는 흡족해하는 듯 보였고, 선택의 지도를 두 장 더 건네주었다. 하나는 냉장고에 붙이고, 다른 하나는 서류철에 넣어두라고 당부했다.

"학습자의 길과 심판자의 길, 그 중에서 어느 쪽을 선택하느냐에 따라 결과가 달라진다는 사실이 이제 명백해졌습니다. 제 경우에는 저 자신이 인정하고 싶은 것보다 더 자주 심판자의 길에 갇히는 것 같아요."

"당신만 그런 건 아닙니다. 갇히기는 아주 쉬워요. 다행스러운 건, 거기서 재빨리 빠져나올 수 있는 작은 길이 존재한다는 점입니다. 중간에 있는 이 길을 보세요."

조셉이 심판자의 길과 학습자의 길로 연결된 작은 길을 가리켰다. 그 길은 '전환의 오솔길'이라고 명명되어 있었다.

"이 오솔길이 열쇠입니다. 이 길이 심판자에서 학습자로 전환하는 데 얼마나 강력한 도구가 되는지 보여드리죠. 심판자의 길에 서 있을 때에는 온 세상이 황량하게 보일 겁니다. 지난번에 애기했던 그 건설회사 관리자가 말했듯이, 우리가 심판자의 길에 들어서 있는 동안에는 미래란 것도 단순히 과거를 재생하는 것에 지나지 않을 수 있습니다."

"앗!" 내가 탄성을 질렀다. "한 가지 확실한 것은, 지난 몇 주 같은 생활을 다시는 버텨내지 못할 것 같다는 거예요!"

"그걸 이런 식으로 보세요. 비록 이 세상이 무한한 가능성으로 가득 차 있다 할지라도, 심판자의 눈과 귀로 보고 들을 때에는 가능성에 다가갈 기회가 제한될 수밖에 없어요. 이젠 다른 곳에 서서 관점을 바꾸고, 당신에게 새로운 눈과 귀를 달아주는 방법을, 그것도 다른 곳에 들어섬과 거의 동시에 새로운 귀와 눈을 얻는 요령을 보여드리지요. 심판자의 길을 내려가다가 전환의 오솔길이 갈라지는 지점에 잠시 당신을 놓아보세요."

나는 지도 쪽으로 눈을 돌리고 그가 가리키는 지점을 찾아냈다.

"이 길로 발을 들여놓으면 당신은 언제나 자동적으로 선택의 기회를 맞이하게 됩니다. 당신은 가능성들이 그려진 새로운 그림을 펼쳐 보이게 되죠. 이제 당신은 잠에서 깨어났습니다. 학습자의 눈과 학습자의 귀를 새로 얻었어요. 질문사고가 당신에게 선택의 힘을 주는 곳도 바로 여기입니다. 당신이 자신의 생각을, 특히 심판자의 사고방식에서 나온 생각을 관찰할 수 있을 때, 당신은 그 다음에 생각할 것을 선택할 수 있는 능력을 얻습니다. 만약 자신의 머릿속을 지배하고 있는 생각들을 관찰하지 못한다면

어둠 속에 그대로 머물게 되지요."

"선생님께서 말씀하시는 선택이란 게 마치 우리가 소유하고 있는 그 무엇인 양… 아니 무슨 능력인 양 들립니다."

"그렇고말고요! 우리 모두 그런 능력을 타고납니다. 우리를 인간이게 하는 것도 바로 그런 능력이지요. 선택권은 인간만이 가질 수 있고, 그걸 최대한 활용하려면 연습이 필요해요. 간혹 용기도 필요하지만 말입니다. 유대인 수용소에서 살아남은 작가 빅터 프랭클Viktor Frankl은 '인간의 자유 중 마지막 자유, 즉 주어진 환경에서 자신의 태도와 자신이 살아갈 길을 선택하는 것'²에 대해 이야기했습니다. 그게 바로 질문사고의 정수예요."

"사실상 그런 능력이 저한테 있다 해도 그걸 응용하는 건 또 다른 문제겠죠."

내가 그의 마지막 말을 곰곰 되씹으면서 말했다.

"물론이죠. 그 능력을 실용적으로 만드는 것이 질문사고의 핵심입니다. 그러니까 곤경의 씨앗이 싹트는 지점도 바로 거기죠. 여기 당신의 그 능력을 움직이게 만드는 손쉬운 훈련법이 하나 있습니다. 심판자의 길로 들어섰을지도 모르겠다는 느낌이 들 때면 잠시 멈춰 서서 심호흡을 하고, '혹시 심판자의 길에 들어선 건 아닐까?' 하고 스스로 물어보세요. 만약 그 질문에 대한 대답이 '그렇다'라면, '이 문제를 달리 생각할 수는 없을까?' 혹은 '내가 가고 싶어하는 곳은 어디지?' 라는 식으로 자신에게 간단한 질문을 던짐으로써 전환의 오솔길로 쉽게 들어설 수 있습니다."

"그게 정말로 그렇게 쉽습니까?"

조셉이 웃었다.

"항상 쉬운 건 아니지만 아주 간단합니다. 내가 전환의 질문이라고 부르는 이 질문들이 당신이 전환의 오솔길로 들어서게 해줄 겁니다. 그러면 당신은 곧 학습자의 길로 돌아갈 수 있어요. 서류철 안에 전환의 질문 리스트가 들어 있을 겁니다. 질문사고 체계의 또 다른 도구지요."

조셉은 말을 멈추고 잠시 생각에 잠긴 듯한 표정으로 창 밖을 뚫어져라 응시했다.

"전환의 질문들이 어떤 식으로 작용하는지 명쾌하게 보여주는 이야기를 하나 들려드리지요. 체조선수로 운동을 매우 좋아하는 내 딸 켈리에게 실제 있었던 일이에요. 딸아이는 실력이 꽤 괜찮아서 대학에 들어가서는 올림픽에 출전하기 위한 훈련을 시작했어요. 올림픽 예선을 앞두고 훈련을 받는 동안 켈리는 대부분의 경기에서 꽤 우수한 성적을 거뒀어요. 그러니까 대부분의 경기에서요. 새라와 난 딸이 그런 식으로는 결코 대표팀에 들지 못할 거라고 생각했습니다. 실력이 들쭉날쭉했던 거죠.

우리 부부는 딸과 머리를 맞댔습니다. 우리는 딸아이에게 연기에 들어가기 몇 초 전에 어떤 생각을 하는지 마음을 한번 가다듬어보라고 주문했어요. 그랬더니 딸아이는 자신에게 언제나 한 가지 기본적인 질문을 던진다는 사실을 발견해내더군요. '이번에는 떨어지지 않겠지?' 라고 말이에요."

"그러니까 심판자의 질문이었군요."

"맞았어요. 그리고 그런 질문을 하는 것 자체가 심판자의 화를 불렀어요. 그 질문이 정말로 딸의 경기 내용을 간섭했던 거지요. 그래서 우린 그런 질문 대신 경기에 들어가기 직전에 던질 수 있는 전환의 질문을 찾아내는 작업에 들어갔어요. 딸아이를 신속히 학습자의 길로 안내할 질문이 필요했던 거죠. 그리하여 아이가 다듬어낸 질문이 바로 '언제나 하는 이 연기를 어떻게 하면 아름답게 해낼 수 있을까' 라는 것이었습니다. 우리의 노력은 성공했어요. 켈리는 새로운 질문을 이용해 긍정적인 방향으로 관심을 돌리도록 자신을 다시 프로그래밍했어요. 딸의 연기는 놀랄 만큼 향상되었고, 이제는 예측 가능한 수준에 이르렀죠. 켈리는 새로운 질문이 자기를 '일정 구역' 안에 머물게 한다고 말합니다."

"그래서 따님이 올림픽에 출전했습니까?"

"물론이죠. 말이 나온 김에 하는 얘기지만, 딸아이는 동메달을 걸고 왔어요. 그 애가 얼마나 자랑스러웠는지 말로 표현할 수 없습니다. 20년 전이었다면 아마 금메달을 따지 못했다고 딸아이를 혼냈을지도 모르지만. 오, 정말이지 자식을 키우는 일도 완전히 새로운 묶음의 질문들을 하도록 가르치더군요! 어쨌든 질문사고 명예의 전당에서 켈리의 이야기도 발견할 수 있을 거예요."

"모든 게 요술처럼 들리는군요, 저에게는…."

내 말은 약간 빈정대는 듯한 투로 바뀌어 있었다.

"그것은 요술도 아니고 기적도 아닌 하나의 방법입니다. 인간의 심리를 이용하는 실용적인 도구죠. 질문은 언제나 관심의 방향을 잡아줍니다. 새롭게 만들어낸 질문은 관심의 방향을 돌릴 수 있지요. 그 질문은 가설을 바꿀 뿐 아니라 새로운 가능성까지 열어줍니다. 심지어 생리적으로도 우리를 변화시킬 수 있습니다. 예를 들면, '해고되면 어떡하지?' 라는 질문은 당신의 신체에 연쇄적인 스트레스를 촉발시킬 수 있지요. '이번에 떨어지지는 않겠지?' 라는 딸아이의 자문은 근심을 낳았고, 그것이 결국은 실패하는 데 기여한 셈이었지요. 물론 의식적으로야 딸아이도 실패를 원하지 않았겠지요. 그렇지만 어쨌든 실패가 현실이 되고 말았습니다. 생각은 의지를 굳게 하죠. 학습자의 질문은 긍정적인 의지를 입력시킵니다. 켈리의 경우에서처럼, 놀랄 만한 연기에 필요한 정확한 동작과 율동을 하게 하지요."

"선생님 말씀에 담긴 뜻은, 심판자의 사고에 젖은 사람들은 어느 분야에서든 최고의 선수가 될 수 없다는 것이군요. 그 대목에서는 선생님의 가르침에 동의할 수 없습니다. 생산적인 사람인데도 심판자의 스타일인 경우를 너무나 많이 봐왔거든요."

"분명히 말하지만, 학습자보다는 심판자의 자세를 취하는 시간이 더 많은 사람이 있습니다. 그리고 그들 역시 상당히 생산적이고 역동적이지요. 그렇지만 그런 사람들은 주변의 다른 사람들을 괴롭히고, 생산성과 협동정신, 창조력, 그리고 기여도를 떨어뜨립니다. 심판자의 입장에서 행동할 경우 가족이나 직장동료들의 분노를 사고 갈등을 일으키게 됩니다. 심판자의 기질이 강한 사람이 이끄는 조직은 동료들 사이에 스트레스와 갈등, 문제가 더 많은 경향을 보입니다. 그런 사고방식을 퇴근 후에 그대로 가정으로 옮겨간다고 상상해보세요. 얼마나 끔찍한 일인가!

언젠가 새라가 〈심판자의 결혼생활, 학습자의 결혼생활: 당신은 어느 쪽인가?〉라는 글을 유명 잡지에 발표한 적이 있어요. 아내의 글에 깔린 전제는 가까운 사람과의 관계도 우리가 그를 학습자의 눈으로 보느냐 아니면 심판자의 눈으로 보느냐에 따라 매우 달라질 수 있다는 것이었습니다. 우리 부부는 그 아이디어를 더 가공하고 확대해 지난해에 《질문하는 결혼생활》이라는 책으로 엮어냈습니다. 이 책에서 새라가 주장한 바는 이렇습니다. 학습자의 사고방식을 가진 사람은 관계를 부드럽게 만드는 것들, 그리고 상대방이 가진 많은 것 중에서 높이 살 만한 점들에 초점을 맞춘다는 것입니다. 사실 내 것이든 배우자의 것이든, 결점보다는 강점이 바탕이 될 때 관계가 더 굳건해진다는 뜻이었어요. 벤, 그럴듯하지 않아요?"

그게 사실이라면 이 가르침을 그레이스와의 관계에 그대로 적용해보면 좋겠다고 생각하며 고개를 끄덕였다.

"심판자의 입장에 서면, 가정에서든 직장에서든 모든 게 큰 골칫거리로 보이기 시작해요. 협력하는 사람은 아무도 없는 것처럼 보입니다. 모든 것이 장애물인 것만 같아요. 그런 기분이 들면 기본적인 전환의 질문으로 돌아갈 필요가 있어요. '혹시 심판자의 길에 들어선 건 아닐까?'라든가 '이게 내가 원하는 길인가?'라든가 '그렇게 하면 내가 진정으로 원하는 것을 얻을 수 있을까?'라고 자문하는 거죠. 잠시 심호흡을 하고, 자신을 전환의 오솔길에 올려놓은 뒤 곧장 학습자의 길로 들어가는 겁니다."

"선생님 말씀이 사실이라면, 그런 질문들을 늘 마음속에 간직하면 학습자의 자세를 견지할 수 있겠군요."

"이론적으로야 물론 그렇지요. 그렇지만 인생이란 게 어디 그렇게 단순한가요. 게다가 우린 성자가 아니잖아요. 그러니 우리 모두 어쩔 수 없이 수시로 심판자의 길로 들어가게 마련입니다.

그게 인간의 본성인걸요. 사실은 매일 심판자의 길로 들어가고 있을지도 몰라요. 하지만 당신에게 이것만은 약속할 수 있어요. 선택의 지도와 전환의 질문들, 그리고 내가 앞으로 당신에게 전수할 다른 도구들을 사용하는 횟수가 많으면 많을수록 다시 학습자의 자세를 취하기가 쉬워지고, 그 자세 그대로 더 오래 머물 수 있다는 것을 말입니다. 또한 심판자의 길에서 보내는 시간이 더 짧아질 것이고, 그곳으로 떨어진 데 따르는 영향도 최소화될 것입니다. 그렇다면 심판자의 자세는 절대로 안 된다고요? 천만에요! 영원히 학습자의 길에 남을 수는 없어요. 당신 자신을 영원한 학습자라고 생각한다면? 글쎄요, 그건 자신을 속이는 거죠."

난 이 대목에서 곰곰이 따져보지 않을 수 없었다. 그래서 조셉을 향해 말했다.

"무언가를 판단하는 일은 그 성격에 관계없이 우리를 그릇된 길로 밀어붙인다는 뜻인가 하는 의문이 듭니다. 판단이 결정적으로 필요할 때가 더러 있어요. 예를 들면 직원을 고용할 때나 새 집을 구입할 때가 그렇지요."

"그런 이의까지 제기하다니 놀랍습니다. 중요한 이야기예요. 벤, 주목하세요. 심판자의 입장에 선다는 것은 훌륭한 판단을 하는 것과는 다릅니다. 내가 심판자라는 단어를 사용할 때는 언제나 '판단하려 드는 사람'을 의미합니다. 다른 사람이나 자신을 곧잘 공격하려고 드는 사람들이지요. 이와는 대조적으로, 훌륭한 판단력을 발휘하는 것은 건전한 정보와 의지를 바탕으로 현명한 선택을 하는 것을 의미합니다."

"오케이, 그 말씀 알겠습니다."

"질문사고 체계를 강력하게 사용하는 데 절대적으로 필요한 또 다른 포인트가 여기 있어요. 심판자는 두 개의 얼굴을 하고 있습니다. 하나는 우리 자신에 대해 판단을 내리는 일에 초점을 맞추는 반면, 다른 하나는 다른 사람을 판단하는 일에 주력합니다. 결과야 상당히 달라 보이겠지만 결국에는 똑같이 심판자의 입장에서 나오는 것입니다."

"오케이."

나의 말이 상당히 느려졌다. 나도 그가 묘사한 것들을 그대로 경험한 적이 분명히 있었다. 다른 사람을 판단하려 든다고 느꼈을 뿐 아니라 나 자신에 대해서도 심각할 정도로 반감을 품고 있었던 것이다.

"만약 자신에 대해서도 심판자의 태도만을 취한다면, 이를테면 '나는 왜 항상 일을 그르치는 걸까?' 같은 질문을 떠올린다면 누구나 의기소침해지고 자신감을 잃기 쉬워요. 그런 반면에 다른 사람에게도 심판자의 잣대를 고집한다면, 예컨대 '어떻게 된 게 내 주변 사람들은 하나같이 이렇게 우둔하고 훼방만 놓을까?' 라는 식의 물음을 머릿속에서 지우지 못하는 사람은 화를 내거나, 분개하거나, 적대감을 품는 경향이 있습니다. 그것이 자신을 향한 것이든, 아니면 다른 사람을 향한 것이든, 심판자의 태도는 언제나 갈등의 씨앗이 됩니다.

심판자의 자세를 취하는 구체적인 예를 하나 들려드리지요. 몇 년 전의 일입니다. 아내 새라가 자신이 기고하는 잡지의 편집자 루스와 이야기를 나누고 있었지요. 그러다 두 사람은 똑같이 몸무게로 고민하고 있다는 사실을 깨달았습니다. 그때 새라가 루스에게 자신은 음식을 좀더 현명하게 선택하기 위해 선택의 지도를 활용한다고 털어놓았습니다. 루스는 금방 깊은 관심을 보이며 새라에게 그 경험에 대해 글을 써달라고 부탁했지요.

그 기사에서 새라는 사람들이 살찌게 할 무엇인가를 먹을 때 자신에게 던지는 질문들에 관해 썼어요. '내 문제가 도대체 뭐지?' 혹은 '난 왜 이렇게 자제를 못 할까?' 아니면 '난 왜 이다지도 덩치가 클까?' 따위의 질문 말입니다."

"하나같이 판단이 요구되는 질문들이군요."

"맞습니다. 새라가 그런 심판자의 질문에 빠질 때 실은 자신을 바짝 긴장시키고 있었던 셈이죠. 그 질문은 당연히 아내를 심판자의 함정 쪽으로 확 밀어버렸습니다. 그러다 보면 종종 음식을 더 많이 먹게 되지요. 그런데 문제를 일으키는 질문들을 자문하고 있다는 사실을 깨닫자마자, 아내는 자신의 몸을 구하기 위한 전환의 질문을 찾기로 작정했지요. 그래서 찾아낸 질문이 두 가지입니다. '나는 자포자기하려는 걸까?' 와 '내가 느끼고 싶어하는 기분은 어떤 것인가?' 라는 질문입니다.

게다가 말예요, 방향을 틀어 학습자의 길로 들어서자마자 그녀는 줄곧 그 길에 머물기 위한 질문들을 개발하더군요. '지금 당

장 내게 가장 유익한 것은 뭘까?', '나 자신에게 정직한가?', '음
식을 먹지 않고 더 좋은 기분을 느끼게 해주는 행위에는 어떤 것
이 있을까?' 등의 질문이었습니다. 이 중 한 가지 질문을 던질 때
마다 그녀는 자신을 다스리지 못한다는 자책감보다는 힘이 솟는
것 같은 기분을 느꼈어요. 어디 그것뿐이겠어요. 몸매도 멋지게
변했어요. 금상첨화라고, 이제는 훌륭한 몸매를 유지하는 일이
별로 어렵지 않다는군요."

조셉의 책상 위에 놓인 사진들로 미뤄볼 때, 새라는 몸무게로
고민할 그런 여자로는 보이지 않았다. 하지만 그 이야기는 심판
자의 사고방식에서 나온 질문을 나 자신에게 너무나 자주 던진다
는 사실을 거북한 마음으로 깨닫게 했다.

"지금까지 지켜봤을 때…" 조셉이 자비심이 가득 실린 부드러
운 목소리로 말했다. "당신은 몸무게 따위에는 전혀 문제가 없는
데도 지금도 여전히 자신을 심판자의 자세로 다스리고 있어요."

"그렇지 않다고 맞설 수는 없겠군요."

나는 이렇게 말하면서 변명의 여지를 남겨두었다.

"그렇지만 그렇게 말씀하시는 근거가 뭡니까?"

"그거라면 쉽죠. 어제 당신은, 내가 당신을 심판자 혹은 실패
자로 본다고 믿었지요."

"계속 말씀하세요."

나는 후회하게 될지도 모르는 어떤 일에 말려들고 있다는 걱정
을 떨치지 못하면서 주저하듯 말했다.

"그런 시각은 당신이 수렁에서 빠져나오지 못하게 막아요. 당신이 자신에게 심판자의 질문들을 퍼붓는 동안에는 다른 사람에게도 그런 질문을 던질 가능성이 높지요."

조셉이 나를 똑바로 바라보며 말했다.

"제가 저 자신에게 가혹할 수 있다는 점에는 동의합니다. 그렇지만 다른 사람에게도 그렇다고요? 저는 그렇게 생각하지 않아요." 난 우물쭈물하기 시작했다. "사람들이 정말로 세상 물정 모르고 행동하고 바보처럼 굴 때가 간혹 있어요. 그러면 저는 그런 사실을 금방 알아차립니다. 누구나 이런 사실을 현실로 받아들이고, 선생님께서 말씀하신 것처럼 훌륭한 판단력을 발휘하든가 훌륭한 상식을 동원해야 합니다."

이 말에 대해서는 한마디 대꾸도 없이 조셉은 다시 내 관심을 선택의 지도로 돌렸다. 그는 내 손에 쥐어진 지도 쪽으로 몸을 굽히더니 이제 막 심판자의 길을 떠나고 있는 사람을 가리켰다. 이어서 그의 머리 위에 그려진 말풍선으로 옮겨갔다. 풍선 안에는 딱 한 가지 질문이 있었다. 그것을 큰 소리로 읽었다.

"누구 탓이지?"

난 즉시 지난 몇 주일 동안 내가 맞닥뜨렸던 문제들에 대해 생각하기 시작했다. 내게 주어진 책임을 결코 완수하지 못할 거라고 판단하고 회사를 떠나야겠다고 결론 내리던 그 끔찍한 순간으로 생각이 집중되었다. 그때는 내가 심판자의 머리를 가지고 있었던 게 분명했다. 스스로 낙오자라고 판단했으니 말이다. 그러나 그때의 나는 정당화될 수 없을까? 나 자신이 완전 결딴났다는 것을 부인할 수는 없었다.

"지금 당신의 내면에서 어떤 일이 벌어지고 있습니까?"

나는 불쾌한 마음으로 대답했다.

"대화를 하면 할수록, 제 탓으로 돌릴 일들이 자꾸만 늘어가고 있어요."

"탓이라… 그 단어가 당신에게 어떤 의미를 갖는지 정확히 설명해주시지요."

"그 말의 최종 의미는 제가 물러나야만 한다는 것이지요. 회사에서 저는 무능한 존재였어요. 이제 다 됐지요. 대화 끝이지요."

"잠시 마음을 가다듬어보세요. '누구 탓이지?' 라는 질문을 '내가 책임질 일은 뭐지?' 라는 질문으로 바꾸는 겁니다."

한동안 난 그 말을 곰곰이 새겨보았다.

"탓이나 책임이나 그게 그 말 아닙니까?"

"절대 그렇지 않아요. 탓이란 말은 심판자의 것입니다. 책임은 학습자의 자세지요. 두 단어 사이에는 하늘과 땅만큼의 차이가 있어요. 만약 누구 탓으로 돌릴 것인가 하는 질문을 던진다면 그건 결국 당신과 다른 사람들이 대안이나 해결책을 찾지 못하도록 막는 거나 마찬가지예요. 심판자의 입장에서 탓할 사람을 찾다보면 문제를 해결하기가 무척 어려워집니다. 당신을 마비시켜버릴 수가 있어요. 반면 책임져야 할 것이 무엇인지를 묻는 질문에 초점을 맞춘다면, 생산적인 행위를 향해 마음이 활짝 열릴 것입니다. 자유롭게 대안을 찾아내고, 상황을 개선해나갈 수 있지요."

나는 '마비시킨다'는 단어에 집중했다. 갑자기 일어나서 기지 개를 쭉 켜고, 주위를 걷고 싶다는 충동이 일었다. 잠시 화장실로 가서 얼굴에 찬물을 뿌렸다.

"어제 찰스에 대해 했던 이야기들을 다시 한번 들려주시죠."

내가 화장실에서 돌아오자 조셉이 말했다.

아, 또다시 찰스 이야기로군! 이제 난 누가 뭐라 해도 유리한 입장에 서 있다고 생각했다. 찰스와 관련된 문제라면, 내 판단이 얼마나 현명한지, 그리고 찰스에 대한 내 느낌이 심판자의 태도에서 나온 것만은 아니라는 점을 조셉에게 입증해 보이기가 쉬울 터였다.

"선생님께 말씀드렸지요. 찰스만 없었다면 제가 이 지경에 이르지는 않았을 것이라고요. 너무나 명백해요. 그 친구는 죽기 아니면 살기 식으로 게임을 하고 있어요. 바보가 아니고서는 그걸 모를 수가 없어요."

조셉은 내 말에 대한 대답을 피하며 내게 서류철 안에 담긴 차트를 보라고 주문했다. 차트에는 '학습자-심판자 차트 : 사고방식과 인간관계'라는 제목이 적혀 있었다. 난 한동안 차트를 들여다보면서 두 줄로 쭉 늘어놓은 학습자와 심판자의 주요 특성들을 꼼꼼히 살펴봤다. 그것들은 놀라울 정도로 달랐다. 그 즉시 한쪽의 사고방식을 취하다 보면 심판자의 길로 들어설 것이 분명하고, 다른 쪽의 사고방식을 취하면 학습자의 길로 들어설 것 같다는 생각이 머리를 때렸다.

"이 차트는 우리가 훌륭한 관찰자가 되는 데 필요한 길 하나를 제시합니다. 학습자와 심판자의 특성을 나열하고 있기 때문에 매 순간 자신이 어디에 서 있는지를 식별해내는 열쇠를 제공하지요. 또 우리가 심판자에서 학습자로 옮겨가도록 돕는다는 점에서도 무한한 가치를 지닙니다. 지금 당장 조금만 실험해보죠. 찰스에 대해 생각해보세요. 그러면서 차트에 적힌 단어나 문구 중에서 당신의 눈길을 확 끄는 것들을 읽어보세요."

"반발적이라는 단어와 습관적이라는 단어가 보이는군요. 모든 걸 알고 있다는 식이다, 의견의 동의나 불일치를 찾기 위해 귀를 기울인다는 구절도 눈에 들어와요. 독선적이라는 표현도요."

나는 말을 멈추었다. 그것들이 다 심판자의 사고방식 난에 들어 있었다. 턱이 바짝 당겨지는 듯했다. 이제 학습자의 사고방식 난으로 시선을 옮겼다. 오직 한 구절만이 눈길을 끌었다. 모르는 것을 높이 평가한다? 당황스러웠다.

"모르는 것을 높이 평가한다니, 도대체 무슨 말인가요?"

"당신이 지금 어떤 연구를 하고 있다고 상상해보세요. 만약에 새로운 무엇인가를 발견하고 싶다면, 이미 답을 알고 있는 문제에 집착해서는 결코 목적을 달성하지 못할 겁니다. 모르는 것을 높이 평가할 줄 아는 능력은 모든 창조와 혁신의 기본이지요. 모든 종류의 가능성을 향해 활짝 열려 있고, 새로운 무엇인가를, 심지어 자신마저 깜짝 놀라게 만들 그 무엇인가를 찾아내려는 마

학습자-심판자 차트

사고방식

심판자	학습자
(자신 혹은 다른 사람에 대해) 판단하려 든다	자신과 다른 사람을 받아들인다
반발적이고 습관적이다	책임지려 하고 사려 깊다
모든 걸 알고 있다는 식이다	모르는 것을 높이 평가한다
경직되고 엄격하다	유연하고 적응력이 강하다
독선적이다	호기심이 강하다
자기만의 시각을 고집한다	다른 사람의 처지를 고려한다
편견을 옹호한다	선입견에 의문을 품는다
가능성이 제한되었다고 본다	가능성엔 제한이 없다고 본다
기본적인 분위기 : 방어적이다	기본적인 분위기 : 호기심이 가득하다

우리는 두 가지 사고방식을 두루 가지고 있다. 그리고 언제라도 둘 중 하나를 선택할 수 있다.

인간관계

심판자	학습자
승패 관계	윈-윈 관계
다른 사람과 다르다고 느낀다	다른 사람과 연결되어 있다고 느낀다
다름을 두려워한다	다름을 높이 평가한다
논쟁을 벌인다	대화한다
비난한다	비평한다
귀를 기울인다	귀를 기울인다
옳고/그름을 찾기 위해	진실을 찾기 위해
동의/불일치를 찾기 위해	이해하기 위해
다른 점을 찾기 위해	공통점을 찾기 위해
피드백을 거부하는 것으로 받아들인다	피드백을 가치 있는 것으로 인식한다
공격하거나 방어할 길을 모색한다	해결하거나 창조할 길을 모색한다

우리는 두 가지 사고방식 모두와 관계가 있다. 그리고 언제라도 둘 중 하나를 선택할 수 있다.

음상태라고 할 수도 있습니다. 그러면 당신은 낡은 의견이나 해석을 옹호하기보다는 신선하고 맑은 눈으로 바라보게 됩니다."

그런 특성을 나는 기술적인 일을 할 때의 나, 그러니까 머릿속에 마구 떠오르는 의문에 이끌려 내가 배우고자 하는 영역으로 들어갈 때 나 자신에게 그대로 적용할 수 있었다. 그런 문제를 넘어서면, 특히 인간관계의 문제에 봉착하면 난 완전히 낯선 영역에 들어선 듯한 느낌을 받았다. 별안간 어리둥절했다. '반발적이고 습관적인 사람이 찰스인가 아니면 나인가?', '정말로 아는 척으스대는 사람이 그인가 아니면 나인가?', '의견의 일치나 불일치를 구하고 나서는 사람이 도대체 누구인가?', '누가 독선적인 사람인가?' 나도 찰스 못지않게 심판자의 사고방식에 빠져 있지는 않았는가?

혼란에서 채 벗어나기도 전에 조셉이 다른 말로 내 머리를 때렸다.

"자, 이제 엄청나게 많은 걸 함축하고 있는 것을 한번 생각해보죠. 심판자의 함정에 빠져 허우적거리느라 낭비하는 시간을 돈으로 따진다면 얼마나 될 것 같습니까?"

그 질문이 번개처럼 나를 내리쳤다. 이런 문제가 나올 줄이야! 이제는 나도 심판자의 함정에 빠져 있으면 일처리가 늦어지고, 다른 사람과의 의사소통도 그들에게는 물론이고 나에게도 점점더 힘든 도전이 된다는 사실을 깨달았다. 그 당시엔 인정할 수 없었지만, 되돌아보면 내가 심판자의 함정에 빠져 허우적댈 때마다 팀 전체가 거의 정체 지경에 이르렀던 것이다. 내 주위에는 일이 무척 나쁘게 돌아가고 있음을 말해주는 증거들이 가득했다. 심판자의 사고방식에 따르는 비용을 묻는 조셉의 질문을 듣는 순간, 난 모든 상황을 좀더 정직하게 바라보지 않을 수 없었다.

난 험악한 표정을 지으며 말했다.

"곤란한 이야기군요. 정말로 전 알렉사를 실망시켰어요. 모든 사람을 실망시켰어요. 그레이스와는 어떠냐 하면….”

여기서 나는 말을 멈추었다. 너무 어려운 문제라서 큰 소리로는 도저히 말할 수 없었다. 아내를 향한 관심의 눈길을 점점 거둬들이고 있다는 사실을 잘 알고 있었던 것이다. 심지어 그녀를 밀어내기까지 했으니까. 솔직히 말한다면, 난 나에게 일어나고 있는 일들을 숨기려고만 노력해왔었다. 난 아내가 몇 년 전에 헤어진 전처가 그랬던 것과 똑같이 나올 것이라고 확신했다. 그것은 다름 아니라 내가 패배자라는 이유로, 적어도 마음속으로는 나와 이혼하는 일이었다.

"괜찮아요?"

조셉이 걱정스레 물었다.

"괜찮아요. 그런 것 같아요. 그렇지만 이 문제는 정말 어려워요. 내가 심판자의 사고방식을 가짐으로써 회사에 입힌 피해에 대해서는 생각도 하기 싫어요. 무엇보다도 저는 꽤 높은 연봉을 받고 있어요. 그렇지만 내가 생산해내는 것들에 비한다면 그 돈은 블랙홀에 쏟아 붓는 거나 마찬가지죠. 게다가 승산이 없는 상황을 만들어 팀원들을 모두 파멸로 몰아넣었어요. 팀 미팅에 가는 일 자체가 무서워요. 우리 팀의 느릿느릿한 움직임은 함께 일하는 다른 팀에도 좋지 않은 영향을 미쳐요. 그렇지, 이건 멋진 그림이 아니지! 만약 이런 식으로 일한다면 결코 생산 스케줄을 맞출 수 없을 겁니다."

조셉이 고개를 끄덕였다. 내 통찰력에 대단히 만족해하는 눈치였다.

"큰 돌파구가 열렸어요. 벤, 정말 멋지게 잘 하고 있어요."

"멋지다고요? 지금 무슨 말씀이세요? 이건 재앙입니다. 저에게 구명 밧줄을 던져주셔야죠. 여기서 어떻게 빠져나갑니까?"

"물론 당신을 끌어올릴 수 있어요. 그렇지만 당신에게 그보다 더 중요한 무엇인가를 드리지요. 당신 스스로 거기서 빠져나올 수 있는 도구들입니다. 일터에서 학습자의 사고방식을 취했던 때를 한번 떠올려보세요. 그때의 경험이 어땠는지, 가능한 한 생생하게 떠올려보세요. 기억하는 일이 힘들면 차트의 학습자 면을 한번 살펴보세요."

즉각 전 직장인 AZ사에서 잘나가던 때가 기억났다. 모든 게 얼마나 매끄럽게 돌아갔는지, 출근하는 것 자체를 얼마나 즐겼는지 말이다. 생산성도 아주 높았다. 주위 사람들의 생산성도 덩달아 올라갔다. 지금 큐테크에서 경험하고 있는 것과는 대조적으로, 사람들은 나와 함께 일하는 것을 즐겼다. 그 전에 연구원으로서 많은 시간을 홀로 보내는 일이 많았음에도 말이다.

"기술적인 문제라면, 저에겐 어떤 아이디어가 잘 먹히고 어떤 아이디어가 문제를 야기하는지 판단할 기준이 있어요. 선생님도 아시다시피, 6볼트짜리 모터를 30볼트 회로에 꽂으면 무언가가 터져버리고 말 겁니다. 정확한 테스트를 거친다면 값비싼 부속을 망가뜨리는 일은 없겠지요.

"무슨 얘긴지는 알겠어요. 하지만 그와 똑같은 원칙들을 팀의 문제에 그대로 적용하기란 아마도 힘들 겁니다. 인간이란 존재는 그렇게 단순하지 않으니까요."

"그레이스가 저한테 늘 하는 말도 바로 그런 이야기예요."

우리는 싱글싱글 웃었다.

"그래서 나도 당신을 정확히 이해하고 있는지 알고 싶어요. 기술 문제에 접근할 때는 학습자의 입장에 서는 일이 쉬워요. 이 부분에서는 당신이 정말 잘 해내고 있어요. 객관적인 선택을 할 수 있도록 도와주는 특별한 질문들이 당신에게 있는 거죠."

"그렇다고 말할 수 있어요, 그래요."

"훌륭하군요. 좋은 소식이 있습니다. 이건 당신이 생각하는 것보다 더 간단할 겁니다. 당신은 이미 기본적인 사고기술을 갖추었어요. 나는 이제 그것을 다른 분야에서, 다른 사람과의 의사소통에서 활용할 수 있도록 새로운 도구들을 내놓을 계획입니다. 우리가 얘기하고 있는 모든 것들은 얽힌 문제를 푸는 법을 알려줍니다. 선택의 지도는 행동하고 표현할 때 학습자와 심판자의 마음에 나타나는 차이점을 그림으로 보여줍니다. 자기성찰의 질문들의 성격에 따라 이 길로 들어설지 아니면 저 길로 들어설지 결정된다는 것을 인식하는 일도 가능해요. 거기에는 전환의 오솔길이 있고, 전환의 질문들이 있고, 당신이 지금 어디 있는지를 정확하게 알려주고 가고자 하는 길을 새롭게 선택하도록 도와줄 학습자-심판자 차트가 있습니다. 심판자를 인식하게 하는 이런 결정적인 도구들로 무장하고, 학습자와 심판자를 구별하고, 선택의 순간마다 학습자로 전환할 수 있다면, 살아가면서 스스로 원하는 변화를 일궈나갈 준비를 훌륭하게 마친 셈입니다."

"이제 선생님 말뜻이 제 가슴에 들어오는 것 같습니다. 그렇지만 심판자의 사고방식을 마음에서 단번에 영원히 제거하는 길은 없을까요?"

"이상하게 들릴지 모르지만, 그게 바로 아이러니예요. 심판자의 사고방식을 당신의 일부로 받아들일 때 비로소 심판자로부터 자유로울 수 있습니다."

"뭐라고요? 어떻게 저의 일부로부터 자유로울 수 있죠?"

"모순처럼 들리지요? 그렇지만 우리 모두 이런 식의 수용을 연습해야 해요. 그렇게 함으로써 진정으로 선택의 자유를 얻을 수 있습니다. 이 원칙을 명쾌하게 보여줄 이야기를 하나 들려드리지요. 이 또한 다른 사람을 판단하는 일에 따를 수 있는 잠재적 비용을 보여주기도 하지요. 알렉사가 그녀의 남편 스탠이 돌파구를 찾았던 일에 대해 이야기해준 적이 있나요?"

"언급한 적이 있어요. 제가 제대로 들었다면, 스탠이 돈을 버는 데 선생님께서 많은 도움을 주셨다더군요."

"그 사람은 그걸 매우 자랑스럽게 생각하고 있어요. 그는 질문사고의 도구들을 활용한 결과 질문사고 명예의 전당에 올랐지요. 알렉사가 당신에게 말했듯이, 스탠은 투자사업을 벌이고 있어요. 이야기는 이렇습니다.

몇 년 전으로 거슬러 올라가면, 그때 스탠은 판단하기를 즐기는 사람이었지만 분명히 자신에게만은 그러지 않았어요. 누군가와 말다툼을 벌였을 때는 언쟁의 당사자를, 그리고 마음에 들지 않는 소문을 들었을 때는 그 소문의 주인공을 머릿속에서 금방 지워버리곤 했어요. 스탠은 당신에게 거북이처럼 자신의 가설에 집착했다는 이야기를 들려줄 것입니다. 그는 루머와 무의미한 가십, 그리고 터무니없는 죄의식에 사로잡혀 사업의 기회를 놓친 적이 여러 차례 있었지요. 그는 모든 것을 위험을 최소화하는 방법으로 정당화했습니다. 그 말은 일부만 진실이지요.

그 사람은 전망이 밝은 한 창업사에 많은 투자를 했어요. 그런데 1년 뒤에 그 회사가 큰 금융 스캔들에 휘말렸던 어느 기업체 출신을 CEO로 고용했어요. 이 사람은 어떤 잘못도 없었다는 것이 입증됐는데도, 스탠은 아니 땐 굴뚝에 연기 날 리 없다는 생각을 버리지 않았어요. 그는 투자한 돈을 막 회수하려던 참이었으면서도 그 일 전반에 걸쳐 스스로 엄청나게 갈등했던 거죠. 회사가 고용한 그 CEO를 제외하고는 모든 것이 괜찮았거든요.

그때쯤 우리 부부가 스탠 내외와 함께 저녁을 먹었어요. 우리

는 학습자와 심판자라는 개념을 놓고 토론을 벌였어요. 알렉사가
스탠에게 그 개념을 투자 결정을 평가하는 일에 적용해보라고 부
추기더군요. 'A-B-C-C 선택 과정'이라는 것을 그가 직면한 상
황에 적용해보라고 했죠. 스탠도 거기에 동의했고요. 그 과정은
이런 식으로 전개됩니다.

A-Aware, 인식. '혹시 심판자의 길에 들어선 건 아닐까?' 스
탠은 이 부분을 매우 재미있어 했습니다. 심판자의 특성을 묘사
하면서 스탠은 우리가 묘사한 많은 것들이 자신에게 그대로 적용
된다는 사실을 인정하더군요. 그날 밤 그의 반응은 우리 모두를
놀라게 만들었어요. '심판자로 남는 거야말로 내 강점인걸!' 이
러더군요. 우리 모두 웃음을 터뜨렸어요. 그가 자신의 행동을 좀
더 솔직하게 들여다보기 시작했다는 걸 알았죠.

B-Breathe, 호흡. '한 걸음 물러서서 이 상황을 객관적으로
바라볼 필요가 있지 않을까?' 스탠은 이 질문에 미소를 짓고, 심
호흡을 크게 하더니 자신이 결코 객관적이지 않다는 사실을 쉬이
인정했습니다. 그는 신임 CEO와 한 번도 이야기를 나눌 기회조
차 가지지 않았으면서 그 사람을 불신하고 있었던 거죠.

C-Curiosity, 호기심. '모든 정보를 확보했는가? 지금 어떤
일이 벌어지고 있는가?' 우리는 스탠에게 객관적인 정보를 수집
할 기회를 가졌는지 물었습니다. 그가 책임 있는 결정을 내리는
데 필요한 모든 것을 다 가지고 있었을까요? 스탠은 자신이 사람
들로부터 들은 이야기 때문에 신임 CEO를 싫어하게 되었다는

것 외에 다른 정보는 아무것도 얻지 못했다는 사실을 깨달았습니다. 그렇다고 그 소문이 사실이었을까요? 아니었습니다. 그 CEO에 관한 한 그에게는 진실한 정보가 아무것도 없었습니다.

C-Choose, 선택. '어떤 선택을 할 것인가?' 글쎄, 이쯤에서 스탠도 현명한 선택에 필요한 모든 정보를 확보하지는 않았다는 사실을 깨달았습니다. 상황을 판단하는 근거를 자신의 느낌에 두고 있었던 거죠.

그리고 한 달 뒤에 스탠이 내게 전화를 걸어 이런 이야기를 하더군요. 이런저런 정보를 두루 검토해보았더니 새로 온 CEO가 훌륭한 사람이더라는 내용이었어요. 간단히 요약하면, 스탠은 투자금을 그대로 묻어두었고, 그 회사는 2년 뒤에 주식을 공개했죠. 그래서 그가 행운을 잡았다는 이야기입니다.

그 모든 상황이 스탠으로 하여금 잠시 멈춰 서서 한 번 더 생각하게 만들었어요. 심판자의 사고방식을 고수하는 데 따르는 비용이 엄청나다는 사실을 깨달은 터라, 요즘 스탠은 끊임없이 A-B-C-C 선택 과정을 거치고 있어요. 만약에 그 사람이 자기 내면에 있는 심판자의 성향을 있는 그대로 받아들이지 않았다면 그런 행운은 결코 일어나지 않았을 겁니다. 선택 과정을 활용하는 일은 그것을 수용하는 것으로 시작되고, 그것을 바탕으로 성숙해갑니다. 스탠은 충분히 보상을 받았지요. 지난주에는 알렉사와 별장을 새로 구입했어요.

지금 당장 스탠을 만난다면, 그가 아직도 고집 세고 판단하려

드는 사람으로 남아 있다는 사실을 알게 될 거예요. 그는 자신의 그런 면을 아주 잘 알고 있어요. 이제 스탠은 자신의 성향을 있는 그대로 받아들이고, 심지어 비웃기도 하지만, 어떤 결정을 내리는 과정에서 그러한 성향이 자신의 눈을 멀게 하도록 내버려두지는 않아요."

"멋진 이야기군요!"

진심에서 우러나온 말이었다. 난 서류철에서 A-B-C-C 공식을 찾아서 몇 자 간단히 적었다.

"스탠과 새라가 자신의 삶에서 심판자의 사고방식이 맡고 있었던 역할을 검토하는 일만으로도 얼마나 큰 변화를 경험했는지 한번 보세요. 물론 중요한 차이가 있어요. 새라는 자기 자신에 대해 심판을 내리고 있었어요. 내면적인 심판자라고나 할까요. 반면 스탠은 다른 사람들을 심판하고 있었던 거니까요. 외면적인 심판자라고 해도 되겠지요. 어느 쪽이든 그에 따른 비용은 엄청났어요. 그들이 원하는 변화의 길이 봉쇄되었으니까요."

"정말 멋진 이야기네요. 정말입니다. 그렇지만 저의 관심을 놓아주지 않는 부분이 있어요. 학습자라는 말은 부드럽게 들립니다. 하지만 리더는 강인하게 행동해야 하고, 거친 목소리로 외쳐야 합니다. 학습자의 길을 택하다 보면 그런 일이 어려울 것 같군요. 그걸 어떻게 극복하죠?"

조셉이 싱긋 웃었다.

"당신이 왜 그런 질문을 하지 않을까 궁금해하고 있었어요. 이

```
┌─────────────────────────────────────────────────────┐
│                    A–B–C–C 과정                        │
│                                                       │
│  A-Aware, 인식                                         │
│     혹시 심판자의 길에 들어선 건 아닐까?                    │
│  B-Breathe, 호흡                                       │
│     한 걸음 물러서서 이 상황을 객관적으로 바라볼 필요가 있지 않을까?│
│  C-Curiosity, 호기심                                   │
│     나는 모든 정보를 확보했는가? 지금 어떤 일이 벌어지고 있는가?  │
│  C-Choose, 선택                                        │
│     어떤 선택을 할 것인가?                                │
│                                                       │
└─────────────────────────────────────────────────────┘
```

이론들과 관련해서 내가 유일하게 겪는 일보후퇴입니다. 당신은 알렉사를 과단성 있는 인물이라고 생각합니까?"

"결단력이 대단하지요."

그녀가 내린 결정 중에서 나라면 결코 직면하고 싶지 않았을 결정 몇 가지가 머릿속에 떠올랐다.

"당신의 의견에 동의합니다. 이제 당신의 질문에 또 다른 질문으로 대답하지요. 당신은 학습자의 위치에 있으면서도 사람을 해고할 수 있을까요?"

"물론이죠."

"좋아요. 그렇다면 당신이 심판자의 상태에 있을 때 누군가를 해고한다면 어떨 것 같습니까?"

"아마 소송을 하겠지요. 아, 이제 알겠어요."

난 그제서야 이 문제를 완전히 이해했다. 그리고 생각에 깊이 잠겼다.

"만약에 우리가 내면에 있는 심판자의 기질을 인식하고 학습자의 자리로 옮겨가서 모든 일을 처리한다면 삶이 훨씬 더 간단해질 것 같아요."

"정말 그래요! 질문사고의 최종 목표도 그것입니다. 선택의 지도와 전환의 질문, 그리고 학습자와 심판자를 식별하는 법을 매일매일 활용해보세요. 그 도구들은 당신은 물론이고 당신을 둘러싸고 있는 세상을 관찰하는 방법을 알려주고, 좀더 현명하고 지각 있는 선택을 하는 요령을 가르쳐줄 겁니다. 하지만 이것은 일생에서 단 한 번, 뒤통수를 얻어맞은 듯 번쩍 하고 얻는 통찰력이 아닙니다. 매일 해야 하는 훈련입니다. 이것들을 활용하세요. 그렇지 않으면 실패합니다! 질문사고가 습관화되면 심판자의 사고방식을 취하게 될 땐 언제나 태연하게, 조직적으로 그 사실을 인식할 수 있는 능력을 확보하게 됩니다. 심판자의 자세가 자신을 향해 있든, 타인을 향해 있든 관계없습니다. 기억하세요. 심판자의 성향을 받아들이고, 학습자의 자세를 지속적으로 훈련해 습관화하면,그것은 자기 분열을 계속해 더욱 커져갈 것입니다. 곧 당신이 배운 모든 것이 매우 부드럽게 흐를 거예요. 그러면 많이 생각하지 않고도 자연스럽게 응용할 수 있게 됩니다. 이제 당신은 세상을 새로운 눈으로 보고 새로운 귀로 듣게 될 겁니다."

조셉이 자신의 시계를 훔쳐보았다.

"오랫동안 이야기했네요. 잠시 쉬었다가 다음 단계로 넘어갈까요, 아니면 다음에 다시 만날까요? 어느 쪽이 좋으세요?"

나는 망설였다. 오늘 하루도 충분히 치열했으니 그 자리에서 벗어나고 싶었다. 지금까지 나눈 이야기를 곰곰이 되새겨볼 시간도 필요했다. 그러나 솔직히 말해, 다음 말을 듣지 않고 가는 것도 좀 찜찜했다. 이제 곧 찰스와 그레이스 문제를 통해서 내가 심판자의 사고방식을 고수할 경우에 야기될 결과와 그에 따른 비용 등을 이야기할 것이었다.

난 멋쩍은 미소를 지으며 조셉을 올려다보고 말했다.

"좋아요, 계속 하죠 뭐!"

"멋져요! 당신이 이 다음 이야기를 좋아하리라고 생각해요."

발 걸려 넘어지는 곳에 보물이 있다

6:

"심판자의 자세를 인정하고, 학습자의 자세를 연습하세요.
이 슬로건을 당신의 뇌에 깊이 각인시키세요. 이런 식으로 생각해봐요.
당신은 절대로 100퍼센트 순수한 학습자는 될 수 없다고 말입니다.
그렇지만 당신의 관심을 어디에 둘지 선택하는 문제에 대해서는
배울 수 있지요. 관심의 초점을 심판자의 사고방식에 맞추면 그 외의
다른 일에 쏟을 에너지가 거의 남아나질 않아요. 그런 마음 자세가
주변 사람들에게 어떤 영향을 미칠지 쉽게 상상할 수 있어요."

ChangeYour
Questions
ChangeYour
Life

■■■ 반 시간 뒤 조셉은 다시 하나의 이야기로 수업을 시작했다.

"신화학자 조셉 캠벨Joseph Campbel에 대해 들어보셨을 겁니다. 그분은 모든 상황에 딱 들어맞는 이야기를 꾸며내는 것으로 유명하죠. 그분이 내게 들려준 이야기를 하나 해드리지요. 오래전의 일입니다.

한 농부가 들판에서 일을 하고 있었어요. 그런데 쟁기가 뭔가에 걸려 옴짝달싹하지 않는 게 아닙니까. 물론 농부의 첫 반응은 우리가 심판자의 사고방식이라 부르는 그것이었어요. 저주를 퍼부으면서 쟁기를 빼내기 위해 주변의 흙을 파헤치기 시작했습니다. 근데 이게 어찌된 일입니까. 쟁기가 땅 속 깊이 묻힌 철로 된 고리에 걸려 있었던 겁니다. 쟁기를 빼낸 농부는 호기심이 발동해서 그 고리를 잡아 당겼습니다. 이번에는 오래된 궤짝의 뚜껑

이 딸려나왔지요. 그러자 눈앞에 값진 보석과 황금이 햇빛에 반짝이고 있는 게 아닙니까.

이 이야기가 일깨워주는 교훈은 이겁니다. 막강한 힘과 가능성을 얻으려면 엄청난 장애물에 맞닥뜨릴 수도 있지만 그럴수록 충분히 깊이 파고 들어가야 한다는 진리 말입니다. 캠벨은 그 가르침을 이런 문구로 표현했어요. '당신이 발 걸려 넘어지는 곳에 보물이 있다'라고. 보물을 찾고 안 찾고는 당신의 마음과 당신이 던지는 질문에 달려 있어요. 그 질문이 학습자의 것이든, 아니면 심판자의 것이든 말입니다."³

"그것도 멋지고 훌륭한 가르침이네요. 그렇지만 저는 여전히 이것들이 어떤 식으로 저를 도울지 감을 못 잡겠어요. 제가 몰려 있는 이 궁지에 그 보물이란 게 어디 있습니까?"

조셉은 내 도전을 쉽게 받아들였다.

"당신이 지금 내게 던진 그 심판자의 질문부터 파고 들어갈 수도 있겠지요."

그가 이 말을 하는 순간, 등불이 켜졌다.

"말하자면 '내가 안고 있는 이 혼란에서는 그 보물이란 게 어디 있을까?'라는 질문이죠. 심판자의 사고방식에서 한 말이지요. 그렇지만 그 외에 무슨 대안이 있겠어요? 궁지에 몰린 상황에서 말예요!"

"벤, 당신이 처한 상황을 달리 보는 방식도 있잖습니까. 학습자의 질문을 던져보세요."

잠시 생각에 잠기지 않을 수 없었다. 학습자의 질문을 다듬어 내는 일이 쉽지는 않았지만 결국에는 해내고야 말았다.

"이 상황에서 내가 배울 수 있는 건 뭘까?"

"아주 훌륭해요!"

조셉의 표정에 기뻐하는 기색이 역력했다.

"그렇지만 여기서부터는 어떻게 해야 할지 모르겠는걸요."

"그렇다면 한번 파헤쳐보죠. 당신의 질문이 주변 사람들, 특히 동료들에게 어떤 식으로 영향을 미치는지 따져보자고요."

그는 의자 깊이 몸을 묻으면서 심호흡을 한 차례 했다.

"팀원들과 미팅을 할 때 심판자의 입장에 서는 경우가 얼마나 자주 있지요?"

"사실대로 털어놓을까요? 최근엔 미팅을 할 때마다 그랬어요!"

"그들과의 의사소통을 어떻게 표현할 수 있을까요?"

"의사소통? 웃기는 일이죠! 들어보세요, 제가 이미 우리들의 미팅이 얼마나 징그러운지 선생님께 말씀드렸잖아요. 회의를 열어도 그럴듯한 제안을 하는 사람이 아무도 없어요. 그저 멍청히 앉아서 저의 지시만을 기다리죠. 참다못해 내가 말을 하면, 찰스가 한없이 이어질 듯한 질문으로 날 공격해요. 내가 무슨 말을 하느냐는 별로 중요하지 않아요. 그 친구는 무엇이든 물어요."

"팀원들과 함께 있을 때 혹시 자신에게 '어떻게 하면 올바른 해결책을 찾을 수 있을까?' 아니면 '우리가 힘을 합쳐 성취할 일은 뭘까?'라고 묻지 않습니까?"

혼란스러웠다. 팀원들과 함께 있을 때 내가 무슨 짓을 하는지 정확히 알 수 없었지만, 조셉이 암시하는 내용은 아닌 것이 분명했다.

"바로 이 부분에서 해결의 실마리를 주실 거라 생각하는데요."

"좋아요. 당신은 알렉사와 회의를 자주 하지요. 그녀는 회의를 어떻게 끌고 가던가요? 그녀가 어떤 말을 하죠? 그리고 어떤 행동을 합니까?"

알렉사와의 미팅은 언제나 기다려지는 시간이었다.

"그녀의 회의는 생동감이 넘쳐요. 저도 언제나 새로운 아이디어를 가져가고요. 사무실로 돌아올 때면 아이디어를 실행에 옮길 힘을 재충전한 느낌입니다. 그렇지만 그녀가 어떻게 그런 흥분을 조성하는지는 잘 모르겠어요."

이 말들이 입 밖으로 튀어나오는 순간 또 다른 생각이 머리를 때렸다.

"알렉사는 질문을 던져요. 그녀가 주도하는 회의는 온통 질문으로 채워지죠. 그렇지만 결코 심문하는 듯한 질문은 아닙니다. 그녀는 정말로 우리 모두의 호기심을 자극해요. 그녀의 질문은 동기를 부여하고… 어떤 때는 영감을 불어넣기도 해요."

"그녀의 질문과 당신의 질문은 어떤 점이 다른가요?"

"알렉사의 질문은 그녀 나름대로 스타일이 있고, 저의 질문 또한 마찬가집니다." 난 약간 방어적인 기분을 느꼈다.

"당신도 질문을 던지나요?"

"물론이죠. 저는 사람들에게 지난번 미팅 후에 어떤 일을 성취했는지, 목표로 잡아놓고 이루지 못한 일은 무엇인지 물어요. 최근에는 그 질문의 내용이 보다 정밀해졌어요."

조셉에게 이야기하는 동안 나의 그런 질문들이 사람들의 목을 옥죄었다는 사실을 깨닫기 시작했다.

"팀원들이 각자 대답을 내놓을 때 당신은 그걸 어떤 식으로 받아들입니까? 그리고 어떻게 반응하죠?"

"상황에 따라 다르죠. 조금이라도 훌륭한 구석이 있다면 그 내용을 기록하지요. 하지만 최근의 제 수첩은 백지로 그대로 남아 있었어요."

"팀원들의 말을 듣는 게 당신에게 어떤 느낌으로 다가오는지 한번 표현해보시죠."

어려운 일이었다.

"대부분 매우 성가시고, 참아 넘기기 힘들다는 느낌을 받습니다. 그 대답이 문제를 해결하는 일과 거리가 있거나, 아니면 대답을 통해서 팀원들이 내 계획을 따르고 있지 않다는 사실이 드러날 때면 특히 더 그렇죠. 얘기하다 보면 진정으로 신경쓰는 사람은 아무도 없다는 인상을 받아요."

"이제 당신 자신을 돌아보죠. 동료들을 대하는 당신의 태도는 어떻습니까? 학습자의 자세를 취합니까, 아니면 심판자의 자세를 취합니까?"

"물론, 심판자의 자세지요. 그렇지만 손톱만큼도 기여하는 사람이 없고… 그렇게라도 한다면….” 난 잠시 말을 끊었다. “이런, 제가 그만 조셉 캠벨이 이야기한 그 고리에 채이고 말았네요, 그렇죠?”

“그렇지요. 관찰력이 예리하군요. 그 농부처럼 당신도 즉시 심판자가 되었어요. 그건 매우 흔하고 인간적인 반응이지요. 그러니까 당신도 그 뒤에 농부처럼 하세요. 호기심을 품고 물어보세요. ‘여기서 지금 어떤 일이 벌어지고 있는 걸까?’ 라고. 그리고 학습자의 길을 따르세요.”

“물론 선생님께서는 그렇게 말씀하시겠지요. 그렇지만 제가 어떻게 그럴 수 있을까요?”

“간단합니다. 학습자의 사고방식으로 무장하고 회의에 들어가면 됩니다. 그런 다음 알렉사가 자신에게 했을 법한 질문들을 한번 던져보세요. 이런 질문이 가능하겠죠. ‘이 모임의 목표는?’, ‘어떻게 하면 한 가지 사안에 모두의 힘을 합칠 수 있을까?’, ‘최선의 결과를 얻어내려면 회의를 어떤 식으로 끌고 가야 할까?’, ‘참석자 각자의 입장에서 볼 때 어떤 일이 소중하고, 고려할 만한 가치가 있을까?’ 마지막으로 ‘지금까지 고안해낸 행동방침을 소화하고 따를 준비가 되어 있는가’ 라는 질문을 할 수 있겠죠.

그런 질문들이 상황을 어떻게 변화시킬지 당신은 틀림없이 이해할 겁니다. 알렉사의 회의를 묘사할 때 이미 당신 스스로 그 문제에 대해 대답했어요. 질문은 학습자의 환경을 조성하는 데 도움이 될 수 있지요. 그거야말로 효율적인 팀을 구축하는 열쇠가 아닙니까. 그런 환경을 조성함으로써 자신은 물론이고 다른 사람들에게도 한층 더 인내심 있게, 그리고 한층 더 주의 깊게 귀를 기울이도록 격려할 수 있습니다. 그렇다면 당신은 옳고 그름을 따지기보다는 이해하려 들게 되지요. 당신은 팀원들의 호기심을 자극할 것이고, 팀원들은 힘든 도전에 봉착해서도 스스로 학습자의 질문을 던질 것입니다."

"맞아요. 저를 곤경으로 모는 게 바로 그 힘든 도전이에요. 우리에게는 큰 문제들이 있는데도 누구 하나 그 문제와 대결하려 들지 않아요. 이제 인정해야겠어요. 바로 그런 도전 앞에서 제가 옴짝달싹 못하고 있다고요. 저의 경우 그 즉시 심판자의 사고방식으로 들어가죠."

"심판자의 자세를 인정하고, 학습자의 자세를 연습하세요. 이 슬로건을 머릿속에 깊이 각인시키세요. 이런 식으로 생각해봐요. 당신은 절대로 100퍼센트 순수한 학습자는 될 수 없다고 말입니다. 그렇지만 관심을 어디에 둘지 선택하는 문제에 대해서는 배울 수 있지요. 관심의 초점을 심판자의 사고방식에 맞추면 그 외의 다른 일에 쏟을 에너지가 거의 남아나질 않아요. 그런 마음 자세가 주변 사람들에게 어떤 영향을 미칠지 쉽게 상상할 수 있어요. 자신에게 심판자의 성향이 있다는 사실을 솔직히 인정하는 일이 새로운 선택을 향한 첫 걸음입니다. 그 선택은 학습자의 질문으로 전환하는 일로 시작됩니다. 그렇게 해서 얻는 최종 결과는 개인적으로 만족스러울 뿐 아니라 생산적이기까지 하지요."

"알렉사가 이끄는 회의가 그렇게 훌륭한 것도 그런 이치군요. 선생님 말씀처럼, 그녀의 회의는 학습자의 환경이었어요. 저는 언제나 우리 모두가 그녀의 관심을 흠뻑 받고 있다는 느낌을 받았습니다. 만약에 그녀가 심판자의 입장을 취하는 경우가 있었다면 그런 순간은 아마 잠깐 스치듯 지나갔을 겁니다."

갑자기 어떤 통찰이 번득이는 듯했다.

"그녀가 던지는 모든 질문은 학습자의 질문입니다. 단언컨대, 모든 사람이 내뱉는 단어 하나하나가 그녀에게는 정말로 중요하다는 느낌을 받을 것입니다. 그녀야말로 선생님께서 말씀하신 80 대 20 법칙을 완벽하게 지키고 있는 게 틀림없습니다. 80퍼센트 묻고 20퍼센트 이야기한다는 그 원칙 말입니다."

"바로 그거예요. 진정으로 사람들의 말에 귀 기울이길 원한다면 상대방에게 모든 관심을 쏟아야 합니다. 알렉사의 경우 이런 질문들을 던짐으로써 사람들의 말에 관심의 초점을 맞춰갑니다. '거기서 가치 있는 것은 뭐예요?', '그 말에서 배울 것은 뭐죠?'라는 식이죠. 그녀는 학습자의 질문을 던질 뿐 아니라 학습자의 귀로 듣기까지 하지요. 우리가 학습자의 귀로 상대방의 말을 들을 때 그 사람에게 미치는 영향은 정말로 놀랍습니다. 사람이라면 누구나 자신이 판단의 대상이 되지 않고 받아들여진다는 느낌을 받을 때 앞으로 나아가려 하고, 협동적으로 나오고, 창조적인 존재가 되는 법입니다. 결과적으로 그녀의 팀이 그렇게 신속하게 학습자의 팀으로 성숙할 수 있었던 것도 바로 그런 이치 때문이에요. 벤, 선택의 지도를 기억하죠? 그것은 한 개인의 사고 과정을 묘사하는 것입니다만 그 원칙들을 팀에도 그대로 적용할 수 있어요. 아니 조직 전체에도 그대로 적용됩니다."

여기서 난 조금 더 깊이 생각해야 했다. 선택의 지도를 마음에 그려보니 알렉사의 팀원 모두가 학습자의 길을 따라서 행복한 표정으로 조깅을 하고 있는 모습이 떠올랐다. 우리 모두 학습자의 질문에 의해 그 길에 올라섰던 것이다. 우리의 관심은 자연스럽게 새로운 해결책과 가능성에 모아졌다. 그러면 나의 팀은 어떤가? 우리 대부분은 지도 맨 아래쪽으로 내려가 심판자의 함정이라는 진흙탕에서 허우적거리고 있지 않은가!

내가 심판자의 사고방식으로 일을 처리한다는 사실을 인정하기가 어려웠지만, 조셉의 말이 옳았다. 사람들이 나와 함께 일하는 것을 그다지 탐탁해하지 않는 이유에까지 생각이 미치자, 조셉의 가르침이 진실이라는 게 더욱 분명해졌다.

"난 알렉사와는 정반대야." 내가 중얼거렸다. "그녀는 전혀 힘을 들이지 않고도 학습자의 환경을 조성하는 것 같은데."

"분명히 말하지만, 그녀라고 해서 늘 그런 건 아닙니다. 우리처럼 처음에는 그녀도 심판자의 성향이 더 강했어요. 상황을 되돌리려면 노력과 의지가 필요합니다. 그렇게 노력을 기울이다 보면 자연히 학습자의 성향이 더 두드러지죠. 지금까지는 스스로 하는 방법을 몰랐지만 자동적으로 할 수 있도록 뇌를 찬찬히, 그리고 알차게 단련할 필요가 있어요. 난 지금도 매일매일 연습하고 있어요."

"익혀야 할 게 참으로 많군요. 처음에 선생님의 사무실에 들어
섰을 때 저는 효과가 신속히 나타나는 마약주사 같은 걸 찾고 있
었어요. 선생님께선 지금 그보다 훨씬 큰 걸 내놓고 계십니다."

조셉이 고개를 끄덕였다.

"이제 몇 마디 충고로 압축해주실 수 없습니까?"

"사람들이 충고를 제대로 받아들인다고 생각합니까?"

당연히 그의 말이 맞았다.

"저도 충고를 받아들이지 않는 데 선수라는 생각이 듭니다."

나 자신의 갑작스런 통찰에 이를 드러내고 웃었다.

"우리 모두 그렇지 않을까요? 훌륭한 코치는 충고를 피합니다.
그 대신에 상대방이 스스로 최선의 대답을 찾아낼 수 있도록 도
움이 될 만한 질문을 던지지요. 조셉 캠벨이 들려준 이야기에서
땅을 파헤치는 일이 필요했듯이, 최고의 코치는 생각을 자극하고
영감을 불어넣는 질문을 던짐으로써 상대방이 스스로 보물을 찾
게끔 안내합니다. 스스로 얻는 해답이 최선의 충고지요. 어쨌든
우리 인간이 행위의 바탕으로 받아들이는 유일한 충고가 있다면
바로 그런 유의 깨달음입니다."

"심판자의 자세를 인정하고, 학습자의 자세를 연습하라."

그 슬로건을 굵은 글씨로 적어두기 위해 서류철을 열면서 그
가르침을 다시 한번 되뇌었다.

"조셉, 지금 제 보물함에 들어 있는 것 중에 이 말이 가장 큰

보석입니다. 전 이제 마음 자세가 심판자인지 학습자인지 관찰할 수 있고, 관심을 어디에 둘지 진정으로 선택할 수 있습니다. 이 교훈을 일관되게 실천하려면 어느 정도 시간이 필요하겠지만, 어 쨌든 이 가르침은 제게 노력을 집중할 수 있는 훌륭한 방법을 제 시했습니다."

"굳이 이해하려 들지 말고 배운 것을 그냥 실제 상황에 적용해 보세요. 그게 진짜 테스트입니다. 가장 값진 보물이 숨어 있는 곳도 바로 그곳입니다."

바로 그 대목에서 그날 강의가 끝났다.

몇 분 뒤 나는 밖으로 나와 펄 빌딩에서 곧장 공원을 가로질러 확 트인 운동장으로 들어갔다. 거기서 한 소년이 자기보다 어린 소년에게 자전거 타는 법을 가르쳐주고 있었다. 난 잠시 걸음을 멈추고 그들을 지켜보았다.

자전거에서 거의 떨어질 뻔한 위기가 여러 차례 있었는데도 아 이들은 너무나 즐거워했다. 소년이 다시 한번 실수를 하고 땅바 닥에 나뒹굴 때에는 실망의 흐느낌과 함께 격려의 외침도 터져 나왔다. 소년이 넘어질 때마다 큰 소년이 그 옆으로 달려가 다시 한번 해보자고 격려를 아끼지 않았다.

드디어 소년이 균형 잡는 요령을 터득했다. 녀석은 20미터 가량을 아무 탈없이 달렸고, 그 뒤를 큰 소년이 따라가며 환호성을 질러댔다. 갑자기 이런 생각이 들었다. '도대체 어른들은 왜 그렇게 경쟁적일까?', '어른들은 왜 그다지도 비협조적이며, 늘 다른 사람의 좋지 못한 점을 폭로할 궁리나 하는 걸까?' 화가 치밀어 올랐다. 차에 올라타기 전에 마지막으로 그 소년들을 바라보았다. 이제 두 소년은 곧추 선 자전거 옆에 서서 함께 웃고 있었다. 나는 시동을 걸며 생각에 잠겼다. '우리 팀도 저 아이들처럼 함께 일할 수 있다면 얼마나 멋질까?', '그렇게만 된다면 그것이야말로 얼마나 큰 보물이겠어!'

바로 그 순간 나는 정말로 새로운 무엇인가를 해냈다는 사실을 깨달았다. 학습자의 길로 방향을 틀었던 것이다. 심판자의 질문을 학습자의 질문으로 바꾸었다. 게다가 그런 변화가 너무도 자연스러웠다. 그 기쁨을 조셉과 함께 나누고 싶은 마음이 굴뚝같았다. '조셉은 정말 뭔가를 아는 사람이야!' 갑자기 그 사람이 간직한 다른 비법들을 알고 싶은 마음이 간절해졌다. 그와의 만남을 통해 더 많은 보물을 발견할 수 있다는 확신이 섰다. 이 만남이 나를 위기에서 구원할 계기가 되었으면 좋겠다는 간절한 희망이 생겼다.

마술 같은 질문의 힘

7:

"그 질문이 마술을 부렸어요. 그 새로운 질문 덕분에
난 모든 것을 제 궤도에 올려놓을 수 있었어요. 심판자의 질문을
품으면 우리의 마음이 부정적인 쪽에 맞춰져요. 반면 학습자의 질문은
호기심을 자극하고, 긍정적이고 창조적인 쪽으로 행동하게 합니다.
조셉은 새 질문을 이용해서 학습자의 환경을 조성하라고 충고하더군요.
제가 가장 먼저 한 일은 바로 그런 일이었습니다. 얼마 지나지 않아
우리는 주변의 상황을 눈에 띌 정도로 멋지게 바꿔놓았어요."

■ ■ ■ 다음날 아침을 먹는 자리였다. 그레이스가 직장에서 자신을 그렇게도 괴롭혀왔던 제니퍼라는 그 젊은 여직원과 자기 사이에 일어난 이야기를 들려주었다.

"하루 종일 선택의 지도를 내 책상 위에 올려두었어요. 두 개의 학습자 질문이 계속 나를 향해 튀어나오더군요. '나는 뭘 원하지?'라는 질문과 '어떤 선택을 할까?'라는 질문이었어요. 그 질문들을 제니퍼에게 적용한 결과 난 그녀가 더 많은 상식을 동원하고, 더 많은 독창력을 발휘해주길 바라고 있다는 사실을 깨달았어요. 그래서 몇 가지 새로운 질문을 던지기 시작했어요.

나 자신에게 물었죠. '제니퍼가 내 지시를 그렇게나 많이 받아야 하는 까닭이 뭘까?' 정말로 이 점에 호기심이 발동했어요. 책임지고 행동하기가 두려웠던 걸까? 아니면 내가 실수를 트집 잡아 해고할까 두려워서 그럴까? 진실을 알기 위해 나중에 그녀가 내게 도움을 청하러 왔을 때 지시를 내리는 대신 그녀에게 이렇게 물었어요. '만약에 당신이 부장이라면 이 문제를 어떻게 풀겠어요?' 라고요.

그 하나의 질문이 매우 생산적인 대화의 장을 열어주었어요. 정말로 나라는 존재가 두렵다고 제니퍼가 고백하더군요. 염려했던 대로, 자기가 일을 제대로 처리하지 못할 경우 내가 해고할 수도 있다고 생각했다는 거예요.

그런 대화가 우리 사이의 모든 것을 바꿔놓았어요. 이제 그녀도 마음이 한결 편안해졌을 거예요. 그녀는 자신의 판단을 존중하며 일을 잘 하기 시작했고 창의성도 더 많이 발휘하는 것 같아요. 퇴근할 시간에 그녀를 찾아 발전을 축하한다고 말해줬어요. 그녀도 매우 만족해하는 듯했어요.

정말로 놀랐어요… 기쁘기도 하고요. 게다가 있지요, 질문을 하는 행위 자체가 기분까지도 훨씬 좋아지게 만들더군요. 정말 힘든 하루였는데도 말이에요. 벤, 이제껏 내가 제니퍼를 불공평하게 대했다는 걸 깨달았어요. 그녀가 내게 귀찮게 자꾸 물어보는 이유는 그녀가 무능하기 때문이라고, 아무 근거도 없이 그렇게 판단했던 거죠. 사실 그녀는 절대로 무능하지 않았어요. 단지 모든 일을 나와 함께 점검하는 게 너무나 당연하다고 믿었던 거였죠."

아내가 내게 조셉의 아이디어들을 적용해 어떤 결과를 얻었는지 캐묻지 않았다는 사실이 퍽 다행스러웠다. 사고방식에 약간의 변화가 있긴 했지만, 그때까지 나는 배운 것을 현실에 적용하지는 않았기 때문이다.

마침내 집을 나섰을 때는 출근시간에 20분 이상 늦은 상태였다. 고속도로에 들어서자 차들이 꼬리에 꼬리를 물고 있었다. 진입로에 들어서서 2킬로미터 가량 달리자 도로는 완전히 주차장으로 변하고 말았다. 4차선 고속도로인데도 불구하고 내 눈길이 미치는 끝까지 차량들이 홍수를 이루고 있었다. 어쩌면 이런 일이! 난 점점 흥분했다. 심판자의 사고방식이 나의 내면으로 쳐들어오고 있다는 사실조차 깨닫지 못하고 있었다. 적어도 그때는 그랬다.

나는 이를 갈면서 기어를 주차로 바꾼 뒤 휴대전화를 꺼내 메시지가 왔는지 확인했다. 몇 가지 일정을 다시 한번 체크해주는 비서의 메시지가 있었다. 관심을 끄는 스케줄은 두 가지뿐이었다. 9시 30분에 알렉사와 만나는 일과 11시에 찰스를 만나는 일이었다. 난 아직 두 사람을 만나기 위한 마음의 준비가 되어 있지 않았으며, 특히 찰스를 만나기에는 준비가 너무 부족했다.

낭패라고 생각하며 손으로 핸들을 내려쳤다. 어떤 바보 같은 녀석이 자동차 휘발유를 제때 넣지 않아 이 많은 사람들의 하루를 이렇게 망쳐놓느냐고 욕을 퍼부었다. '이 따위로 차가 밀리게 만든 바보 같은 녀석이 도대체 누구야? 늦으면 안 되는데! 그 녀석은….' 그러다가 한 순간 말문을 닫았다. 내가 형편없는 심판자의 자세를 취하고 있다는 사실을 불현듯 깨달았던 것이다. 난 정말로 혼자서 큰 소리를 내며 웃어제쳤다. 그때 사이렌 소리가 들리고 앰뷸런스가 갓길로 자동차 행렬의 앞쪽을 향해 달리고 있었다. 사고였구나! 난 교통 소식을 듣기 위해 라디오를 켰다. 두 사람이 다쳤다고 했다. 아무 근거도 없이 어떤 녀석의 차에 기름이 떨어졌구나 하고 결론을 내렸던 나 자신이 부끄러웠다.

찰스와의 만남에 대한 걱정이 끊임없이 마음을 괴롭혔다. 아무리 마음을 다스리려 해도 그를 향한 화는 조금도 사그라들지 않았다. 이 문제에 대해서만큼은 도움이 필요했다.

질문을 바꾸는 일에 대해 조셉이 해준 조언이 떠올랐다. 이런 저런 생각을 해보았다. 더 이상 잃을 게 뭐 있겠는가? 난 이 상황을 조셉의 이론을 적용하는 실험장으로 삼으리라. 그런데 그레이스가 심판자의 머리라고 이름 붙인 그 상황에서 빠져나오려면 어떤 질문들이 도움이 될까? 그리고 나를 학습자의 길로 옮겨줄 질문은 어떤 것일까? 나 자신이 서 있는 곳을 정확히 파악하기 위해 '내가 지금 심판자의 자세를 취하고 있는가?'라고 물었던 그 후로, 내가 이미 전환의 오솔길로 들어섰다는 사실을 깨달았다.

조셉의 제안을 떠올렸다. 심판자의 길에 들어섰다고 판단될 때는 그 자리에서 모든 것을 멈추고 숨을 깊이 들이쉰 뒤 바로 그 순간 자신에게 던지고 있는 질문을 면밀히 검토해야 한다. 내 마음속에 떠오른 첫 질문은 교통체증에 관한 것이었다. '어떻게 하면 여길 빠져나갈 수 있을까?' 그 문제에 대해서는 선택의 여지가 많지 않은 게 분명했다. 차들이 다시 움직일 때까지 갇혀 있는 수밖에 달리 방법이 없었다. 그러자 조셉이 했던 말이 머릿속에 떠올랐다. '나에게 닥칠 일을 선택할 수는 없지만, 나에게 일어난 일을 어떤 식으로 받아들일지는 선택할 수 있다.' 거의 동시에 새로운 질문이 떠올랐다. '어떻게 하면 이 시간을 가장 효율적으로 활용할 수 있을까?'

그 질문에 대한 대답을 찾는 데는 겨우 몇 초밖에 걸리지 않았다. 난 호주머니를 뒤져 지갑을 꺼낸 뒤 조셉의 명함을 들고 휴대전화로 그의 전화번호를 눌렀다. 그가 곧 전화를 받았다.

"벤입니다. 지금 시간 괜찮으세요? 전 지금 꼼짝없이 차 속에 갇혀 있는데 미칠 지경입니다."

조셉은 한동안 침묵을 지키다가 웃음을 터뜨렸다.

"'이동광선을 쏘아줘, 스코티'(외화 시리즈 〈스타트랙〉에 나오는 대사. 우주선 엔터프라이즈 호 대원들이 외계행성에서 임무를 수행하다가 위기에 처하면 모선에 이렇게 구조를 요청한다. 이동광선은 근거리 공간이동을 가능하게 해준다. - 옮긴이)라고 말해보지 그래요?"

나도 그를 따라 웃었다. 그가 트레키Trekkie(〈스타트랙〉 마니아를 지칭하는 신조어. - 옮긴이)일 거라고 생각하지는 않았지만, 즉시 그 표현에 담긴 속뜻을 알아차렸다. 그렇게 웃고 나니 긴장이 한결 풀렸다. 마음도 꽤 가벼워졌다.

"이따가 찰스를 만나기로 했는데 그에게 무슨 말을 해야 할지 아무 생각도 떠오르지 않아요. 사실 저는 아직도 화를 삭이지 못하고 있거든요. 분노를 폭발하고 싶지는 않은데, 어떻게 시작해야 하죠?"

"훌륭한 질문입니다. 그럼 당신에게 '변화를 위한 최고의 질문 12가지'라고 부르는 질문 리스트를 이메일로 보내지요. 당신이 뭔가에 사로잡혀 있거나, 좌절을 느끼거나, 변화를 꾀하고 싶다거나, 훌륭한 학습자의 질문이 필요할 때면 언제나 참조할 수 있는 내용입니다. 어쨌든, 지금 메모할 수 있어요?"

"물론이죠."

나는 옆 좌석에 놓여 있던 서류철을 집어들었다. 조셉이 그 12가지 질문 중에서 3가지를 불러주었다. '나는 어떤 선입견을 갖고 있지?', '이 상황을 달리 생각할 수는 없을까?', '다른 사람들은 무엇을 생각하고, 느끼고, 필요로 하고, 원하는 걸까?'

나는 첫 번째 질문을 곰곰이 생각해보았다.

'나는 어떤 선입견을 갖고 있지?'

참으로 대답하기 힘든 질문이었다. 분명히 말하지만, 찰스와 관계된 일이라면 내게도 뚜렷한 선입견이 몇 가지 있었다. 그와

벤의 3가지 질문

• 나는 어떤 선입견을 갖고 있지?
• 이 상황을 달리 생각할 수는 없을까?
• 다른 사람들은 무엇을 생각하고, 느끼고, 필요로 하고, 원하는 걸까?

의 관계에선 선입견은 피할 수 없는 것이었다. 그가 고대했던 승진의 기회를 내가 가로챈 결과가 되고 말았으니까. 그런 입장에 놓인 사람은 위험한 존재일 수 있다. 그런 사람에게서 감시의 눈길을 늦추는 것은 바보 짓일 것이다. 내가 실패하는 꼴을 보여주는 것 이상으로 찰스를 행복하게 만드는 일은 이 세상에 없을 것이라고 나는 확신하고 있었다. 만약에 내가 망한다면 그가 내 자리를 차고앉아서 내가 원했던 모든 것을 다 차지할 수도 있을 것이다.

어떤 사람들은 찰스에 대한 나의 판단을 선입견이라고 부를지도 모르겠다. 물론, 선입견이 현실 그대로이지는 않다. 어떤 음모를 꾸며본 사람이라면 음모의 초기 단계에서 알게 되는 바가 바로 그런 가르침 아닌가.

그렇지만 선입견이 사실로 확인될 때가 더러 있다. 찰스로부터 비롯된 문제들은 분명히 사실 그 자체로 보였다. 아무리 바보라 할지라도 그가 틈만 나면 내게 질문을 퍼붓는 행위 뒤에는 의도적으로 내 권위를 깎아내리려는 음모가 깔려 있다는 사실을 알 수 있을 것이다.

뭔가가 날 끈질기게 괴롭히고 있었다. 나 자신에게 질문을 던지지 않을 수 없었다. 학습자-심판자 차트가 말하는 것처럼, '지금 난 선입견에 의문을 갖지 않고 그것을 옹호하고 있는 것은 아닌가?' 라고. 교통지옥의 이유를 놓고 내 생각이 완전히 빗나갔다는 사실을 이제 막 확인한 터가 아닌가. 난 교통마비가 휘발유를 제때 채우지 못한 바보 같은 녀석 때문에 일어난 것이라고 철석같이 믿었다. 그런데 그렇게 확신했던 나의 가정은 틀린 것으로 확인되었다. 그렇다면 찰스에 대한 내 선입견 역시 틀린 것일 수도 있지 않을까? 난 그에 대해 내가 어떤 선입견을 갖고 있는지 면밀히 검토해보기로 작정했다.

마음이 동요했지만 조셉의 두 번째 질문으로 관심을 돌렸다.

'이 상황을 달리 생각할 수는 없을까?'

그레이스가 말한 어떤 대목이 직감적으로 떠올랐다. 아내는 자신이 제니퍼에 대해 품었던 선입견이 그녀와 자신의 관계에 어떤 식으로 부정적인 영향을 미쳤는지 설명해주었다. 그녀는 제니퍼와의 관계를 설명하는 다른 방법을 찾기 위해 선택의 지도를 이용했다. 그렇다면 나도 찰스와의 관계에 똑같은 방법을 적용할 수 있지 않을까? 그를 새롭게 보는 방법은 없을까?

달리 좋은 방법이 떠오르지 않았기 때문에 다른 가능성에 대해 생각하기 시작했다. 예를 들면, 찰스에 대한 내 생각을 수정한다면 어떤 일이 벌어질까? 만약 그의 질문에 날 바보로 만들려는 의도가 없다는 가정하에 행동한다면 어떻게 될까? 만약에 찰스가 단지 우리 둘이 모든 기본적인 정보를 공유하고 있다는 사실을 확인하고 싶어 그런 질문을 던졌다면? 상황을 달리 보려고 노력하면 할수록 그때까지 내 머릿속에 들어 있던 선입견에 대한 확신이 떨어지는 반면 찰스에 대한 느낌은 더 좋아졌다.

난 새로운 무언가를 시도해보기로 작정했다. 찰스가 11시에 내

방에 들어설 때 그가 의도적으로 날 방해하려 든다는 선입견을 잠시 접으면 어떨까 하는 생각이 들었다. 그 순간 새로운 아이디어가 떠올랐다. 아직 조셉의 이론을 100퍼센트 믿을 준비는 되어 있지 않지만, 이제 더 이상 길을 잃고 헤매고 있다는 생각은 들지 않았다. 그 사실만으로도 정말 멋진 일이었다. 내겐 이제 무언가 새롭게 할 일이 생겼던 것이다.

'다른 사람들은 무엇을 생각하고, 느끼고, 필요로 하고, 원하는 걸까?'

조셉이 가르쳐준 세 번째 질문에 대해 막 생각하려 할 때 차량의 행렬이 서서히 움직이기 시작했다. 그래서 이 세 번째 질문은 잠시 접어두었다. 그러나 운전하는 동안에도 마음속에는 새로운 가능성들이 마구 펼쳐지기 시작했다. 혹시라도 찰스가 호기심이 강한 인물이라면, 그가 내게서 원하거나 얻고자 했던 것은 무엇이었을까? 내가 큐테크에서 근무하기 시작한 첫날 우리가 주고받았던 대화가 불현듯 떠올랐다. 그때 그는 이렇게 말했었다.

"당신에게 고백할 게 있어요. 내가 그 자리에 오르지 못해서 실망이 컸어요. 그렇지만 난 회사가 성공할 수 있도록 최선을 다할 것입니다. 이 회사도 참으로 훌륭하고, 우리 가족도 이 도시를 좋아해요. 그래서 다른 곳으로 이사가고 싶지는 않아요."

아마 그때 난 찰스의 의중을 알게 해주는 열쇠 몇 개를 그냥 무시해버렸는지도 모를 일이었다. 그 점에 대해서 다시 생각해보아야 할 것 같았다.

사무실에 도착했을 때 시간은 예정보다 많이 늦어 있었다. 알렉사를 만나기로 한 시간까지 10분도 채 남지 않은 상황이었다. 난 컴퓨터를 켜고 검색 엔진으로 들어가서, 그녀의 이름과 조셉의 명예의 전당 콜렉션에서 보았던 잡지의 이름을 타이핑했다. 그러자 그녀에 관한 기사가 즉각 떴다.

《패스트 컴퍼니Fast Company》라는 잡지가 알렉사를 '올해의 여성' 상 수상자로 선정했다는 내용이었다. 기사를 찬찬히 읽었다. 그녀가 이미 챕터 11(부채를 상환할 수 없는 기업을 일시적으로 보호해 회생시킨다는 취지의 파산 관련 법. – 옮긴이)로 부도 처리된 회사의 CEO를 맡은 것에 관한 이야기였다. 당시 모든 사람들이 그 자리를 맡지 말라고 조언했다고 한다. 자칫 경력에 흠이 될 수도 있다고 충고했다. 그래도 그녀는 위험을 감수하고 불가능한 일을 달성해냈다. 몇 단락을 뛰어넘었다. 알렉사는 자신의 성공이 "나 자신에게 던지는 질문의 성격을 바꾼 덕"이라고 밝혔다. 그 다음 단락에서는 자신의 개인 코치와 멘토의 이름을 밝혔다. 조셉이었다. 그 사람말고 달리 누가 있을까?

잠시 후 알렉사의 사무실을 찾아 자리에 앉은 난, 그녀에게 잡지기사에 대한 이야기를 꺼냈다.

"저한텐 '올해의 여성' 상을 받았다는 이야길 한 적이 없잖아요."

"아, 그랬군요." 그녀가 한숨을 내쉬었다. "그 잡지는 내게 '질문을 좋아하는 리더'라는 별칭을 붙였어요. 왜 그런지 아세요? 내 생각에 그 사람들은 질문을 던지는 CEO에 대해서는 한 번도 들어보지 못했던 것 같아요. 그들에겐 무척 신기한 일이었죠!"

생각에 잠긴 듯 그녀가 싱긋 웃음을 지었다.

"무척 간단한 일 같은데. 대부분의 리더들은 질문을 던지기보다는 지시 같은 걸 더 많이 하죠. 그들이 일의 진상을 파악하지 못하는 이유가 바로 거기에 있어요. 너무나 많은 사람들이, 그리고 너무나 자주, 전략적인 방향에 대한 결정이나 심지어 직원에 대한 결정까지 충분하지도, 정확하지도 않은 정보에 바탕을 두고 있어요."

"그러면서 검증도 거치지 않은 채 그걸 사실로 믿어버리죠."

나도 한마디 거들었다.

"맞아요. 그런데 내겐 그런 말이 절대 통하지 않아요."

그 말에서 조셉의 가르침이 울려왔지만, 그녀의 말은 나름대로 명백한 근거를 지니고 있었다.

"알렉사, 예전에 당신이 CEO로 있었던 그 회사가 어떻게 되었는지 궁금합니다. 그때 당신이 처음 떠올렸던 심판자의 질문들은 어떤 것이었나요? 또 어떤 학습자의 질문들이 당신에게 유리하게 작용했나요?"

"그때 일을 되돌아보면 피식 웃음이 날 정도로 쉬운 문제였다는 생각이 들어요. 그 당시 우리가 던지던 질문들을 돌이켜보면 한결같이 '지금의 이 곤경이 도대체 누구 책임일까?' 라는 수준이었지요. 뜬눈으로 밤을 새우며 누구를 해고해야 하는지, 그러다가 혹시 해고의 대상이 나 자신은 아닌지 무척 고민했지요. 그러던 어느 날 조셉과 이야기하던 중에 마음속에 새로운 질문이 떠오르기 시작하더군요. 그 첫 질문이 아마 '어떻게 하면 그 많은 실수를 피할 수 있을까?' 였던 것 같아요. 조셉은 그 질문이 좋긴 하지만 '어떻게 하면 우리의 강점을 토대로 성장할 수 있을까?' 라는 질문으로 바꾸는 게 낫겠다는 의견을 내놓았어요.

그 질문이 마술을 부렸어요. 그 새로운 질문 덕분에 난 모든 것을 제 궤도에 올려놓을 수 있었어요. 심판자의 질문을 품으면 우리의 마음이 부정적인 쪽에 맞춰져요. 반면 학습자의 질문은 호기심을 자극하고, 긍정적이고 창조적인 쪽으로 행동하게 합니다. 조셉은 새 질문을 이용해서 학습자의 환경을 조성하라고 충고하더군요. 제가 가장 먼저 한 일은 바로 그런 일이었습니다. 얼마 지나지 않아 우리는 주변의 상황을 눈에 띨 정도로 멋지게 바꿔놓았어요. 그 전까지는 질문의 힘을 느껴본 적이 한 번도 없었어요. 질문의 성격에 따라서 실패도 하고 성공도 할 수 있다는 진리가 절실하게 다가왔어요. 진심으로 말하지만, 그것은 나뿐만 아니라 우리 모두에게 굉장한 변화였어요."

"그렇게 엄청난 결과를 가져온 새 질문이 무엇에 관한 것이었나요?"

"내가 할 수 있는 최선의 대답은 그때 조셉이 내게 해준 이야기를 다시 들려주는 거예요. 실력이 엇비슷한 두 농구팀을 대상으로 한 연구조사에 관한 이야기였어요.

A라는 농구팀의 코치는 코트에서 일어날 수 있는 실수를 예방

하는 쪽에 초점을 맞추었어요. 그 팀은 자기들이 실수하는 장면을 주로 담은 비디오테이프를 매일 보았습니다. 선수들의 뇌리에 실수가 깊이 새겨졌지요. 이와는 대조적으로, B라는 농구팀은 자신들의 강점을 강조하는 쪽으로 훈련을 받았습니다. 그들은 자신들이 성공적으로 치른 경기에 초점을 맞춘 비디오테이프를 매일 보았어요. 그래서 그 선수들의 마음속에는 성공이 각인되었지요. 간단히 말하면, A팀은 약점에 초점을 맞추었고 B팀은 강점에 초점을 맞추었어요. 그해 시즌이 끝났을 때 어느 팀의 성적이 두드러졌을지는 당신도 쉽게 짐작할 수 있으리라 생각해요."

"당연히 강점에 초점을 맞춘 팀이겠지요."

"그럼요. 실제로 시즌 폐막 때 두 팀의 성적 차이는 놀라웠습니다. A팀은 성적이 약간 떨어진 반면에 B팀은 실력이 30퍼센트가량 향상되었어요.

올바른 질문이 갖는 힘을 믿는 데는 그 사실 하나만으로도 충분했습니다. 그와 똑같은 원칙들을 위기에 처한 우리 회사에 그대로 적용하자마자 극적인 변화가 나타나기 시작했어요. 생산성이 향상되었을 뿐 아니라 출근 자체가 즐거웠고, 심지어 재미있기까지 했어요. 창의성이 높아지고 분위기도 좋아졌지요. 회사 전체에 에너지가 살아났습니다. 어디를 가나 학습자의 원칙으로 움직이기 시작했지요. 이 모든 일들이 몇 년이 아니라 몇 달 사이에 일어난 변화였습니다. 그후의 이야기는 당신도 잘 알지요."

알렉사는 자신의 삶에서 무척 힘들었던 그 시절을 회고하느라 잠시 말을 멈추었다.

"그저 질문하는 것 이상으로 자연스럽고 명백한 게 달리 뭐가 있겠어요? 현재 돌아가고 있는 사정을 그림을 보듯 완벽하게 파악할 수 있는 방법으로 그 외에 뭐가 있어요? 그리고 다른 사람들이 그렇게 열정적으로 회사에 기여하게 만드는 방법이 달리 뭐가 있을까요? 호기심이야말로 순진무구한 어린아이 같은 호기심이야말로 우리가 가진 가장 위대한 재산이죠…. 학습자의 길로 가는 가장 빠른 길도 바로 호기심입니다. 호기심 없이 어떻게 무엇인가를 배우고 발견할 수 있겠어요? 그 많은 변화와 성장을 일궈내는 동력은 바로 호기심입니다."

> 호기심 : 학습자의 길에 이르는 지름길

나는 그 문제에 대해 생각했다. 조셉 역시 호기심에 대해 이야기했었다. 호기심은 알렉사 못지않게 그에게도 중요한 것이 분명했다. 그렇다면 호기심이 나에게도 큰 변화를 불러올 수 있도록 하는 방법은 뭘까?

"뭘 그렇게 생각해요?"

알렉스가 나를 응시하고 있었다.

"당신과 나 사이의 거리가 백만 마일은 되는 것 같아요."

절대로 백만 마일의 거리는 아니었다. 사실 나도 찰스에 대해 생각하기 시작했으니까 말이다. 만약에 알렉사와 조셉이 호기심의 결정적 역할과 학습자의 질문에 대해 말하고 있는 것들이 진실이라면, 나에게도 분명 다시 생각해봐야 할 일이 있었다. 찰스에 대한 내 심판자적 질문들이 중요한 무엇인가를 가리고 있는 건 아닐까?

나 자신을 점검해보기도 전에 말이 먼저 튀어나왔다.

"그 친구는 호기심이 많아서 내게 질문을 던졌던 거야. 단지 날 이해하고 싶었던 거지!"

알렉사가 근심 어린 눈빛으로 나를 바라보았다.

"도대체 무슨 이야기예요?"

"엉겁결에 튀어나온 말이에요. 아마도 찰스가 내게 그렇게 많은 질문을 한 이유는 내가 어디쯤 서 있는지, 내가 그에게 무엇을 기대하고 있는지, 그리고 왜 그런 기대를 하는지 그 이유를 알기 위해서였을지 몰라요. 그런데 난 그의 질문에 어떤 음모가 있다고 단정했어요.

하지만 만약 내가 일을 제대로 처리하고 있는지 궁금해서 그런 질문을 던졌다면? 만약에 그가 내 능력에 도전할 뜻이 없었다면? 정말 그럴 가능성도 있잖아요, 그렇죠? 정말로 그에 대한 선입견을 점검할 필요가 있어요. 그가 내 권위에 도전할 뜻이 없다면, 그와 나 사이에는 도대체 어떤 일이 벌어지고 있는 걸까요?"

마음속에서 그런 의문들이 샘솟듯 꼬리에 꼬리를 물고 일어났다. 그 힘이 얼마나 강했던지 도저히 마음속에 가둬둘 수 없을 정도였다.

"당신은 지금 무엇인가에 집착하고 있는 것 같군요." 알렉사가 고개를 끄덕이며 덧붙였다. "당신이 문제를 잘 해결하리라 믿어요."

바로 그 순간 내 마음을 가로지른 것은 그날 아침 그레이스와 나눈 멋진 대화였다. 아내는 자기를 위해 일하는 제니퍼에 대해, 자신이 던지고 있던 질문을 어떤 식으로 바꾸었는지 자세히 묘사했다.

그레이스는 '나는 뭘 원하지?'라는 질문과 '어떤 선택을 할까?'라는 질문을 던지는 것으로 변화를 시도했다고 말했다. 그러자 자신이 진실로 원하는 것은, 제니퍼가 좀더 훌륭하게 판단하고 일을 주도적으로 처리해주었으면 하는 것이었다는 사실을 깨달았다. 그러고 나서 아내는 제니퍼를 이해하기 위해 자신에게 필요한 것이 무엇인지를 물었으며, 그 결과 제니퍼가 주도적으로 일하는 것을 두려워한다는 사실을 알았다.

그렇다. 그레이스와 제니퍼의 관계를 180도 바꿔놓은 질문이 바로 거기에 있었다. 그것은 '어떻게 하면 이 사람을 이해할 수 있을까?'라는 물음이었다. 나도 그 질문에 대해 생각해보았다. 그러자 상대방의 관점에서 세상을 바라보지 않고 어떻게 그 사람을 완벽하게 이해할 수 있을까 하는 의문이 생겼다. 그것이 바로 '다른 사람의 모카신(인디언에게서 유래한 것으로, 노루가죽으로 만든 밑이 평평한 신발-옮긴이)을 신고 1마일을 걸어보라'는 표현에 담긴 속뜻임이 틀림없었다. 난 찰스에 대해 호기심을 느끼기 시작했고, 처음으로 그 사람이 어디 출신인지 제대로 알고 싶다는 생각이 들었다.

조셉에 대해 그렇게 자신만만하게 떠벌리게 한 낡은 질문이 떠올랐다. '내가 옳다는 것을 어떻게 증명할 수 있을까?' 라는 질문이었다. 이제 나도 그런 케케묵은 질문 때문에 팀원들이 나를 모든 것을 아는 체하는 사람으로 생각하게 되었다는 사실쯤은 알게 되었다.

'내가 옳다는 것을 어떻게 증명할 수 있을까?' 라는 질문을 '어떻게 하면 그를 이해할 수 있을까?' 로 바꾸자 찰스가 전혀 새로운 모습으로 다가오기 시작했다. 사무실로 돌아갈 때까지 기다릴 것도 없이 그 깨달음을 서류철에 적어놓았다.

알렉사가 문 앞까지 따라나와 이런 말을 남겼다.

"내가 본 바로는 조셉과 잘 어울리고 있는 것 같군요. 당신은 지금 대단히 발전하고 있어요."

"그렇다면 나에게도 아직 희망이 있다는 생각이십니까?"

나는 약간 자조적인 투로 말했다.

"그럼요, 그렇고말고요!"

나는 빨리 사무실로 돌아가고 싶었다. '변화를 위한 최고의 질문 12가지' 에서 얻은 그 간단한 3가지 질문만으로도 찰스를, 그리고 그와 나 사이에 빚어지고 있는 갈등을 완전히 새로운 눈으로 바라볼 수 있는 방법을 발견했다. 3가지 질문이 그렇게 많은

변화를 부를 수 있다면, 나머지 질문들 역시 보물을 안겨줄 거라
는 건 의문의 여지가 없었다.

마침내 열린 돌파구

8:

"계속해보세요. 더 많은 질문을!" 찰스가 외쳤다.

그는 계속해서 우리의 질문들을 플립차트에 써나갔다. 나는 한동안
관찰자의 입장으로 돌아가 찰스와 나 사이에 일어나고 있는 일들을
살펴보았다. 모든 게 너무나 쉽고 간단하다는 사실에 나는 몹시 놀랐다.
또한 질문이 너무나 많다는 사실도 놀라웠다. 무엇보다도 주목할 만한
것은 찰스와 내가 머리를 맞대고 일하는 것이 너무나 자연스럽다는
점이었다. 마치 늘 이런 식으로 일해온 것 같잖아!

■■■ 찰스와 약속한 시간까지는 채 20분도 남지 않았으나 그 동안 난 가만히 앉아서 호흡을 가다듬으며, 조셉이 가르쳐준 3가 지 질문에 관심을 집중했다. '나는 어떤 선입견을 갖고 있지?', '이 상황을 달리 생각할 수 없을까?', '다른 사람들은 무엇을 생 각하고, 느끼고, 필요로 하고, 원하는 걸까?'

마침내 비서가 버저를 눌러 찰스가 도착했다고 알려주었다. 예 전 같았으면 아마도 그를 밖에서 좀 기다리게 했을 터였다. 하지 만 그날은 자리에서 벌떡 일어나 문을 열고 그를 맞아들였다. 우 리는 악수를 했다. 내가 먼저 어떻게 지내는지 물었다. 그는 잘 지내고 있으나 우리가 만나기로 한 것 때문에 마음이 약간 혼란 스러웠다고 털어놓았다. 그러니까 나만 우리의 만남에 신경 썼던 게 아니었던 셈이다. 난 조셉을 만나기 전에 먼저 찰스를 만날 수 있도록 시간을 조정했다. 이미 찰스와 담판을 지을 준비를 끝낸 상태였으며, 그도 그런 낌새를 눈치채고 있음이 틀림없었다. 물론 그후로 우리의 문제를 보는 시각이 크게 변했다.

난 찰스에게 편안하게 앉으라고 권하고 커피나 음료수를 마시겠냐고 물었다. 그 전에는 어떤 만남에서도 그런 친절을 베푼 적이 없었기 때문에 내 행동에 놀랐을 게 틀림없었다. 그는 가져온 작은 물병을 들어 보이면서 괜찮다고 말했다.

불현듯 조셉의 말이 떠올랐다. 찰스와 나 사이에는 아무것도 가로놓여서는 안 된다는 가르침이었다. 조셉을 만날 때 그런 원칙이 날 편안하게 만드는 효과를 직접 경험했기 때문에 찰스와 나 사이에도 그대로 적용해야겠다는 생각이 들었다. 우리의 만남과 대화를 성공적으로 이끌기 위해 모든 가능성을 다 동원하는 게 낫겠다는 판단이 들었다. 난 창문 옆에 바싹 붙어 앉도록 우리가 앉을 의자를 창 쪽으로 밀었다. 그의 표정도 처음에는 염려하는 기색이었으나 점점 편안해지는 듯했다.

"당신과 머리를 맞대고 이야기하며 풀어야 할 것들이 있어요. 우선 몇 가지 질문으로 시작하고 싶어요."

찰스는 약간 걱정스런 표정으로 날 빤히 바라보았다.

"당신에게 솔직하게 털어놓겠어요. 우리 팀이 지금 맞닥뜨린 문제의 일부가 나의 관리 스타일에 그 원인이 있다는 지적이 있었어요. 나도 내 스타일을 바꾸고 싶어요. 그러기 위해서 가장 먼저 풀어야 할 것이 우리 둘의 관계라고 판단했죠."

잠시 말을 멈추고 찰스의 반응을 살폈다. 내 판단이 옳다면,

그는 세심하고 주의 깊은 사람이었다. 그래서 나는 계속 말을 이어갔다.

"처음부터 난 불완전한 정보를 바탕으로 당신에 대해 몇 가지 판단을 내렸어요. 예를 들면, 당신이 이 회사에서 몇 년을 일해왔고, 내게 돌아온 직위를 당신이 기대했던 것으로 알고 있었어요. 내가 그 자리를 차지했다는 사실이 당신에게는 좋은 소식이 아닐 거라고 확신했어요. 그리고 당신이 내 밑에서 일하는 데 어려움을 겪게 될 거라고 짐작했죠."

찰스가 고개를 끄덕였다. "그런 사실이 무척 힘들었다고 나도 고백해야겠어요. 알렉사가 아주 완곡하게 귀띔해주었어요. 그런데 그때 기분이 지금까지 이어지고 있어요."

"솔직하게 답해줘서 고마워요. 만약에 반대의 상황이 벌어졌다면 난 아마 제정신이 아니었을 거요."

"나도 지금까지 마음을 다스리느라 애를 먹고 있어요." 찰스가 인정했다. "한 가지 물어도 될까요, 내 행동이 어땠는지?"

그의 반응에 난 깜짝 놀랐다. 그는 문제를 제대로 인식하고 있었고, 해결을 위해 나름대로 노력하고 있었던 것이다. 그 점에 대해서 그에게 고마운 마음을 전하지 않을 수 없었다.

"당신은 문제를 잘 풀어가고 있어요. 지난 며칠 동안 살펴본 결과, 우리 사이에 일어나고 있는 문제의 대부분이 내 책임인 것 같군요. 당신과는 무관한 일로 당신을 괴롭히지는 않았는지 모르겠어요."

"이해를 잘 못하겠어요."

그 다음에 내가 한 행동을 말로 전하기가 쉽지 않다.

"당신에 대해서 두 가지 선입견을 가지고 있었어요. 첫째, 내가 당신을 따돌리고 다른 곳에서 영입되었기 때문에 당신이 내 권위를 깎아내리려고 온갖 술수를 다 부릴 거라고 생각했어요."

"내가 이미 털어놓았잖아요. 추월당하는 게 참으로 괴로운 일이었다고요." 찰스가 방어적인 자세로 말했다.

"내가 인정하는 것은…." 나는 약간 거북함을 느꼈다. "이 부분을 언급하는 이유는 내가 지금까지 당신을 공정하지 못하게 판단해왔었다는 사실을 이제야 깨닫게 되었다는 것을 말하기 위해서입니다."

말을 잇기 전에 심호흡을 한 번 했다.

"두 번째 선입견은 당신이 회의에서 던지는 질문과 관계 있습니다."

"질문 말입니까? 왜 질문이 문제가 되지요?"

"현실을 점검하는 하나의 수단으로, 이런 질문을 하겠어요. 당신이 그렇게 많은 질문을 던지는 이유가 뭐죠?"

찰스는 놀라 어쩔 줄 몰라하는 표정을 짓더니 정신을 가다듬으며 말했다.

"당신에 대해서는 잘 몰라요. 그래서 당신이 무엇을 원하는지, 무엇을 필요로 하는지, 우리를 어디로 끌고 갈 건지 알 필요가 있었던 거지요. 만약에 질문을 하지 않는다면 그걸 어떻게 알겠어요?"

"그 점에는 전혀 문제가 없어요. 문제는 내게 있어요. 그런 질문으로 당신이 내 권위에 도전하고 있다고 단정했던 거죠."

"무슨 말인지 잘 모르겠습니다."

"이걸 생각해보세요. 이곳으로 오기 전에 일했던 직장에서는 나를 대답을 척척 내놓는 사람으로 높이 평가했어요. 난 그런 사실에 대단히 긍지를 느꼈지요. 그러나 지금 우리는 매우 다른 환경에 놓여 있어요. 이제 나에게도 대답을 찾아줄 다른 사람이 필요한 거죠."

찰스는 대답하기 전에 물을 한 모금 들이켰다.

"당신이 이 회사에 오기 직전에 리더십 훈련을 위해 알렉사가 초청한 사람이 있었어요. 그분은 질문의 막강한 힘과 그것이 우리의 인간관계, 아니 더 나아가 조직 전체를 어떤 식으로 변화시키는지에 대해 이야기했어요. 그날 그가 가르쳐준 것 중에서 유독 한 가지가 기억에 강하게 남아요. 그 사람은 '위대한 결론은 위대한 질문에서 비롯된다'고 말했어요."

한순간 그대로 얼어붙는 듯한 느낌이었다. 알렉사가 나를 고용하던 날, 그 훈련에 대한 이야기를 들려주었던 기억이 났기 때문이다. 그때 그녀는 어떤 사연으로 조셉을 회사로 불러 질문사고에 대해 가르치게 했는지 설명해주었다. 그녀가 조셉에 대해 처음으로 언급한 때였다. 그렇지만 나로서는 그 사람을 한 번도 만나지 않은 상태였기 때문에 그다지 큰 의미로 다가오지는 않았다. 찰스가 말하는 그 사람은 바로 조셉이었다. 의심의 여지가 없는 사실이었다.

찰스는 그날 조셉이 실시한 훈련 내용을 간략하게 설명해주었다. 그의 말에 따르면, 훈련이 끝난 뒤 그는 질문이 우리의 사고와 행동, 그리고 더 나아가 인간관계와 그 결과까지 바꿀 수 있다는 사실을 중요시하게 되었다고 한다. 그에게 나도 조셉을 알고 있다고 말했지만 그가 나의 코치라는 사실에 대해서는 일절 언급하지 않았다.

"좋아요. 당신에게 한 가지 묻고 싶군요."

"그러세요."

"우리 두 사람과 우리 팀을 방해하고 있는 것들을 극복하려면 어떻게 해야겠습니까? 우리가 변해야 한다는 사실이 얼마나 절박한지 당신도 잘 알고 있을 거라 믿어요. 특히 당신이 나한테 바라는 게 무엇이죠?"

찰스가 깜짝 놀라는 것 같았다.

"그 문제라면 한번 생각해봐야겠습니다만, 이것만은 당신에게 말할 수 있어요. 당신과 함께했던 그 어느 때보다도 지금 이 순간이 훨씬 편하군요."

"그러니까 나의 어떤 행동이… 당신에게 못마땅하다는 거죠? 정확히 그게 뭔지 내가 이해할 수 있도록 도와줄 수 있어요?"

찰스가 고개를 끄덕였다.

"한마디로 다 대답할 수 있을지는 모르겠어요. 하지만 한 가지 분명한 것은, 이 대화에서 우리가 무슨 얘기를 하든 훨씬 좋아지고 있다는 거예요. 훌륭한 방향이라고 생각해요."

"그러니까 그 추진력을 계속 지켜나가기 위해 할 수 있는 일이 무엇인지 한번 생각해봅시다."

찰스는 생각에 잠기는 듯했다.

"한 가지 제안을 해도 되겠어요? 제가 지켜야 할 선을 넘어설 생각은 없습니다. 하지만 도움이 될 만한 무엇인가가 있는 것 같아서요."

나는 다시 싸울 태세로 돌아갔다. '여기서 이 친구 본심이 나오는구나'라고 생각했다. 또다시 내 권위에 도전하려 든다는 생각이 머릿속을 꽉 채웠다. 그러나 재빨리 그런 생각을 지웠다. 그 즉시 성찰의 질문 3가지가 마음속에 떠올랐다. '내가 심판자의 길에 서 있는 건 아닌가?', '이 상황을 달리 생각할 수는 없나?', '이 만남에서 내가 얻고자 하는 것은 무엇인가?' 난 찰스와의 관계를 개선하고 팀이 앞으로 나아가기를 원했다. 모든 것이 우리의 만남에 달려 있었다. 분명한 것은, 이제 낡은 선입견 몇 개는 날려버릴 때가 되었다는 사실이었다.

"말해보세요. 귀 기울이고 있어요."

심지어 그런 말이 입에서 나오는 순간에도 기분이 좋았다.

"조셉이 가르쳐준 건데 브레인스토밍과 비슷해요. 질문이란 걸 빼면요."

그보다 하루 전에만 만났어도 아마 찰스의 입을 닥치게 하고 내 권위를 되찾기 위해 내게 주어진 힘을 모두 동원했을지도 모를 일이었다. 그런데 지금은 그와 협력하려는 시도가 아무렇지도 않게 느껴졌다.

"그게 어떤 식으로 진행되는지 한번 시작해보시죠."

찰스는 이제 내 사무실에 붙박이가 되어버린 차트 쪽으로 가서 청색 펠트펜을 집었다.

"목표는 해답이나 아이디어, 제안을 찾아내는 것이 아니라 가능한 한 많은 질문을 새롭게 만들어내는 것입니다. 질문들을 던지면 됩니다. 그동안에 내가 그것들을 받아적을 테니까요."

"달리 말하자면, 질문과 질문 사이에는 대답이나 토론이 없는 거지요." 나도 그것을 이해했다는 점을 분명히 밝혀두고 싶었다.

"맞아요. 조셉이 말하길, 목적은 언제나 우리 마음속에 숨어 있는 문들을 새롭게 여는 것이라고 해요. 그 문 뒤에서 새로운 해답이나 해결책을 찾을 수 있을지 몰라요. 모든 질문은 가능성의 범위를 확장시켜줘요. 조셉의 말을 정확히 그대로 옮기면, '말로 표현하지 않은 질문은 아직 열리지 않은 문이다' 라는 거예요."

"꼭 조셉의 말처럼 들리는군요. 그러니까 우린 이제 어디서부터 시작하면 되는 거죠?"

> 말로 표현하지 않은 질문은 아직 열리지 않은 문이다.

"문제가 되는 상황과 변화의 목표를 묘사하는 것으로 시작하면 됩니다. 그 상황과 변화의 목표가 명쾌하게 정리되고 나면 브레인스토밍에 들어가는 거죠. "

"우리 팀이 안고 있는 문제에, 그리고 생산 일정을 맞출 수 있도록 우리가 힘을 합쳐 분위기를 바꾼다는 목표에 초점을 맞추는 건 어떨까요?"

"좋아요."

내 말을 플립차트에 받아적으면서 찰스가 말했다. 그는 즉각 마음속에 떠오른 질문 하나를 덧붙였다.

"우리 팀이 어떻게 바뀌길 원하는가?"

"바뀌길 원하지 않는 게 뭐가 있담! 만약 우리가 협력하지 않는다면, 그것도 빠른 시일 안에 협력하지 않는다면, 신제품 출시 계획은 물거품이 되고 말겠지요."

"동의합니다. 그걸 질문으로 만들어 적죠. 조셉이 말하기를, 그럴 때 최선의 길은 질문을 1인칭으로 쓰는 거라고 했어요. 지금 이 만남을 질문사고의 실습장으로 만드는 것도 바로 그것 때문이지요."

"좋아요. 아직 일어나지 않은 일 중에서 그랬으면 하고 바라는 일은 뭘까? 다른 사람의 말에 더욱 귀 기울이려면 내가 할 수 있는 일은 뭘까? 좀더 창의적인 존재가 되기 위해서 내가 할 수 있는 일은 뭘까? 진정으로 협력하는 팀으로 다시 태어나려면 내가 어떤 식으로 도울 수 있을까? 조직력이 뛰어난 스포츠 팀이나 멋진 밴드처럼 우리 모두가 한마음으로 움직이기 위해 내가 할 수 있는 일은 뭘까?"

"훌륭한 질문들입니다."

찰스가 최대한 빨리 기록하면서 말했다.

그 질문들이 어디서 나왔는지 자신 있게 말할 수는 없다. 하지만 그가 그 말을 한 직후 새로운 질문들이 그저 입에서 툭 튀어나왔다.

"어떻게 하면 당신과 나 사이에 의사소통의 채널을 열어둘 수 있을까요?"

찰스의 얼굴에 미소가 흐르는 듯 보였다. 그러나 그는 한마디도 하지 않은 채 그저 내 마지막 질문을 플립차트에 적기만 했다. 그리고 자신의 질문 하나를 덧붙였다.

"어떻게 하면 계속 학습자의 질문을 할 수 있을까요?"

"어떤 식으로 하면 우리의 목표를 명확하게 표현할 수 있을까요? 모든 사람들이 단합할 수 있도록."

"그리고 영감을 받을 수 있도록 말이죠." 찰스가 덧붙였다.

"맞아요."

"계속해보세요. 더 많은 질문을!"

찰스가 외쳤다. 그는 계속해서 우리의 질문들을 플립차트에 써 나갔다. 난 한동안 관찰자의 입장으로 돌아가 찰스와 나 사이에 일어나고 있는 일들을 살펴보았다. 모든 게 너무나 쉽고 간단하다는 사실이 몹시 놀라웠다. 또한 질문이 너무나 많다는 사실도 놀라웠다. 무엇보다도 주목할 만한 것은 찰스와 내가 머리를 맞대고 일하는 것이 너무나 자연스럽다는 점이었다. 마치 늘 이런 식으로 일해온 것 같잖아!

"우리 팀이 앞으로도 계속 제대로 돌아가려면 어떤 연료를 넣어야 할까?"

"어떻게 하면 심판자의 길에 서지 않을 수 있을까?"

"팀 구성원에 대한 책임을 어떤 식으로 정의해야 할까?"

"어떻게 하면 내가 약속을 잘 지키고 있다는 사실을 분명히 할 수 있을까?"

"다른 사람에게 도움을 청하는 게 절대 부끄러운 일이 아니라는 사실을 어떻게 하면 팀 구성원들에게 확신시킬 수 있을까?"

우리는 따발총처럼 빠른 속도로 질문들을 쏟아냈다. 얼마 지나지 않아 바닥에는 온통 종이가 어지럽게 널려 있었다. 마침내 난 거기서 그만 하고 그때까지 한 얘기들을 검토해보자고 제안했다. 찰스도 플립차트에서 물러나며 말했다.

"조셉에 따르면, 첫 번째 단계로는 어떤 거라도 좋으니 그 전까지 우리가 던지지 않았던 질문이 목록에 들어 있는지 묻는 작업이 중요하답니다."

"있어요. 꽤 많은데."

그 전까지 한 번도 생각해보지 않았던 질문이 그렇게 많다는 사실에 솔직히 말해 무척 놀랐다.

찰스와 난 플립차트 앞에 서서 테이프로 다른 종이들을 벽에 붙였다. 그런 뒤 모든 질문을 검토하고 새로운 질문을 여기저기 덧붙이는 작업을 30분 가량 했다. 우리는 질문에 담긴 몇 가지 주제를 검토한 뒤 중요도에 따라 우선순위를 매겼다. 우리가 그 주제들을 놓고 토론을 벌이려 할 때 많은 일이 벌어졌다. 변화를 추구해야 할 일이 무엇인지는 물론이고, 어쩌다 우리가 그런 곤경에 처하게 되었는지 그 과정까지 점점 분명히 드러났다.

한동안 난 걱정에 휩싸였다. 바로 며칠 전 조셉의 사무실에 앉아 있을 때 떠오른 첫 번째 질문이 다시 한번 머릿속을 괴롭혔던 것이다. '어떻게 하면 내가 옳다는 걸 입증할 수 있을까?' 라는 질문 말이다. 지금 이렇게 찰스를 마주하고 있으니, 내 사고방식이 주변 사람들에게 미쳤을 영향이 불현듯 생생하게 느껴지는 것 같았다. 솔직히 말해 당혹스러웠다. 인정하고 싶지는 않았지만, 우리가 앞으로 나아가지 못하고 정체되어 있는 데 대한 책임의 상당 부분이 내가 가지고 있는 낡은 질문과 심판자적인 성향에 있는 것처럼 느껴졌다. 내가 던지는 심판자적인 질문들이 사람들을 낙담시켜 팀에 기여하려는 노력 자체를 가로막는 결과를 낳았다. 알렉사가 그렇게도 쉽게 조성하는 학습자의 환경과는 거리가 멀었다.

그런 식으로 질문들을 쓰는 것을 지켜보는 것만으로도 내가 처한 상황을 관찰자의 객관적인 눈으로 바라보는 데 도움이 된다는 사실을 깨달았다. 그와 동시에 알렉사가 들려줬던 돌파구를 열었던 경험에 대해, 말하자면 질문의 성격을 바꿨더니 회사 전체가 확 바뀌더라는 이야기가 기억났다. 난 우리에게도 그런 일이 일어날 것 같은 낌새를 어렴풋이 느꼈다.

찰스는 뒷날에 참고하기 위해 그 질문들을 노트에 옮겨 적고 있었다. 난 책상 모서리에 걸터앉아 플립차트를 응시했다.

"그 목록에 추가할 질문이 하나 있네요."

난 차트 쪽으로 가서 새 종이를 펼치고 이렇게 적었다. '어떻게 하면 우리 모두가 팀에 기여할 수 있을까?'

"멋지군요." 찰스가 고개를 끄덕였다.

'기여'라는 단어가 갑자기 관심의 초점 안으로 들어왔다. 해결책을 척척 제시하는 사람이라는 지난날의 명성을 되찾기 위해 내가 옳다는 사실을 입증하다 보니 지금까지 한 번도 생각해보지 못한 질문이 많았다. '이런 상황에서는 어떤 것을 이해할 필요가 있을까?', '다른 사람들은 뭘 필요로 할까?', '다른 사람들에게 내가 어떤 영향을 미칠까?' 따위의 질문들이 그것이었다. 이 간단한 질문조차 하지 않음으로써 난 다른 사람들이 충실하게 참여할 길을 가로막은 셈이었다. 난 그들의 기여에 마음을 전혀 열지 않았던 것이다.

이런 깨달음이 마음을 흔들어놓았다. 오직 한 사람만이, 그러니까 나라는 존재만이 옳다면, 다른 사람들은 그릇되어야만 한다. 오직 한 사람의 스타만 존재하는데 거기서 어떤 협력을 꾀한단 말인가!

팀이 실패하고 있는 원인이 내게 있었구나! 내가 문제였다. 머리가 빙빙 돌았다. 그 깨달음은 팀의 문제로 끝나지 않았다. 아내와 나 사이에 빚어지고 있는 갈등의 원인도 나의 우둔함에 있지 않나 하는 의문이 들었다.

조셉이 첫 만남에서 나에게 주입시켰던 관점이 의식에 되살아났다. 그는 '어떻게 하면 내가 옳다는 것을 입증할 수 있을까?'라는 나의 질문이 직장뿐 아니라 가정에서의 인간관계에도 영향을 미칠 수 있다고 강조했다. 그 말을 받아들이기는 참으로 어려웠다. 하지만 진실은 명백하게 드러나고 말았다. 사실 그레이스는 마음을 열어달라고, 자신이 내 삶 속으로 들어올 수 있게 해달라고, 그리하여 내게 무엇인가를 베풀 수 있게 해달라고 간청했었다. 그런데도 난 언제나 내가 옳다는 것을 증명해 보일 수 있는 방법을 찾는 데 골몰한 나머지 아내의 말에 귀를 기울이지 않았다. 아내는 무엇인가 기여하고자 했지만 난 그 메시지를 놓치고 있었다. 언제나 엉터리 질문만을 던지고 있었으니!

적어도 당장은 머릿속에서 그레이스에 대한 생각을 지웠다. 당분간은 찰스와 팀의 문제에 집중해야 했다.

"앞으로 몇 시간 동안은 여기서 우리가 성취한 것들을 놓고 토론을 벌일 수 있을 것 같다는 생각이 들어요. 그렇지만 이 많은 질문들에 담긴 교훈 중에서 내게 가장 값진 것 두 가지가 무엇인지 아십니까?"

찰스는 머리를 흔들었다.

"첫 번째 교훈은 이렇습니다. 질문은 저마다 힘을 지니고 있고, 그 힘은 내가 아는 것보다 훨씬 더 크다는 조셉의 말에 동의해야 한다는 것입니다. 둘째는, 날 둘러싸고 있는 사람들을 이해하고 그들에게 감사하는 마음의 중요성을 완전히 새롭게 평가하게 되었다는 점입니다."

이런 고백은 새로운 질문 하나로 매우 큰 또 다른 문을 열어주었다. '어떻게 하면 다른 사람들이 나에게 기여할 길을 열어둘 수 있을까?' 라는 질문이었다.

"벤, 이렇게 만나기 전까지는 내가 이곳 큐테크에 남을 수 있으리란 확신이 서지 않았어요. 솔직히 말해 당신과 함께 일하는 것 자체가 이를 뽑는 것과 같은 고통이었거든요."

"아니, 그렇게 힘들었단 말입니까?"

당황한 나머지 내 얼굴이 일그러졌다. 그러나 곧 웃음을 터뜨렸다.

"나도 당신의 말에 전적으로 공감해요."

그에게 손을 내밀었다. 이제 우리 사이에 평화가 찾아왔다. 그 과정에서 난 그렇게도 목마르게 찾던 돌파구가 열리는 것도 경험했다.

알렉사에게 돌파구를 찾았다는 소식을 전하고 싶어 죽을 지경이었다. 질문을 바꿈으로써 내가 심판자에서 학습자로 변신했다는 소식을 들으면 그녀도 찬사를 아끼지 않을 것이었다. 게다가 그녀는 그런 변화가 팀뿐 아니라 회사 전체에 미칠 긍정적인 영향을 좋아할 것이다.

찰스가 내 방에서 나간 뒤, 난 다시 플립차트로 돌아가 다음날 아침으로 예정되어 있는 팀 회의를 대충이나마 준비하기 시작했다. 이번에는 제대로 된 질문으로 학습자의 환경을 조성하고 싶은 마음이 굴뚝같았다. 책상에 앉아 조셉이 준 서류철을 꺼내 대충 훑어보았다. 그가 들려준 이야기를 하나도 빠뜨리고 싶지 않았다. 난 의자 깊숙이 등을 기대고 앉아 벽에 걸린 작은 플래카드를 응시했다. "매사에 질문하라!" 그 말이 맞다고, 조셉의 가르침이 옳다고 생각했다. 생각해보니 모든 것이 그렇게 간단하게 보일 수가 없었다. 옳고… 간단하고…. 마치 아인슈타인의 상대성이론처럼!

A m o u r !

때론 근심을 나눠갖는
용기도 필요하다

m o u r !

9:

이야기가 마지막으로 치닫고 있을 때
그레이스가 내 옆에 앉아 두 팔로 나를 감싸 안았다.
"너무너무 사랑해요, 당신. 당신이 나에게 솔직하게 털어놓으니
사랑이 더 깊어져요. 벤, 우리는 이 문제를 잘 해결할 수 있어요.
그렇지만 약속해요, 앞으로는 절대로 오늘처럼 비밀을 털어놓아야 하는
일은 없을 거라고 말이에요. 부부 사이에 비밀이 있다는 건
서로에게 안 좋은 일이잖아요. 약속하죠?"

■■■ 알렉사와 찰스를 잇따라 만난 자리에서 일어난 변화에 마음이 들떠, 그날 밤 나는 늦도록 일을 했다. 실은 다음날 아침 찰스와 팀원들이 한자리에 모일 회의에서 얘기할 안건을 정리하느라 어둠이 내리고도 한참 지나서까지 일에 묻혀 지냈다. 난 또 몇 주 동안 조셉을 우리의 모임에 초청할 수 있는지를 알아보기 위해 알렉사에게 전화를 걸었다. 시간은 그렇게 훌쩍 지나가고 있었다. 시계를 보니 이미 그레이스에게 집에 가겠다고 약속한 시간보다 두 시간이나 지나 있었다. 다시 아내에게 전화를 걸까 생각하다가 잠에 곯아떨어졌을지도 모른다 싶어 아내를 깨우지 않는 쪽을 택했다. 집으로 돌아가는 길에 자동차 안에서 벌써 11시가 다 되어간다는 사실을 깨달았다.

집으로 걸어 들어가다가 그때까지도 그레이스가 잠옷 차림으로 희미한 거실에 홀로 앉아 책을 읽고 있다는 사실을 알았다. 의자 옆에는 램프가 켜져 있었다. 그녀에게 인사를 하는 순간 뭔가 잘못 돌아가고 있다는 느낌이 확 들었다. 그녀는 말없이 책을 내려놓고는 내 손을 잡고 소파로 끌고 가더니 부드러운 목소리로 앉으라고 말했다. 아내의 입에서 누군가 세상을 떠났다거나 아니면 날 떠나겠다는 말이 나오면 어쩌나 조마조마해하면서 소파에 앉았다.

그날 밤을 맞기 전까지 내겐 흉금을 털어놓는 대화라는 게 정말 무엇을 의미하는지 알 기회가 없었다. 해묵은 장벽이 허물어져 내리고, 인간관계에 근본적인 변화를 일으키는 그런 대화 말이다. 그레이스와 나 사이에도 의견이 일치하지 않거나 언쟁이 오가는 경우가 있었지만, 분노는 폭발했다가도 금방 눈 녹듯 잦아들었다. 그러나 그날 밤에는 뭔가 매우 힘들겠다는 예감이 날 휘감았다.

그레이스는 의자에 앉은 채 몸을 앞으로 구부려 양 무릎에 팔꿈치를 올려놓은 자세로 내 눈을 빤히 들여다보았다. 그 눈빛에는 우리의 대화가 정말로 진지해질 것이라는 암시가 담겨 있었다.

"벤, 당신에게 무슨 일이 생겼는지 이야기해줘요."

그 전에도 자주 그랬던 것처럼, 나의 첫 반응은 아내의 말을 무시하는 것이었다.

"늦게까지 일했어. 당신 비서한테 이야기했는데… 전화를 걸까 하다가 당신이 잘 수도 있겠다 싶어서."

"그런 거 아니잖아요. 그건 문제가 아니에요."

그녀의 눈초리가 그만 날 얼어붙게 만들었다. 대답을 듣기 전에는 절대로 물러서지 않겠다는 의지가 고스란히 느껴졌다.

"직장에 나가면 스트레스가 얼마나 많은지 몰라… 마감은 다가오고… 하지만 오늘은 정말로 진전이 있었던 것 같아…."

내가 시시한 대답을 지껄이고 있다는 사실을 잘 알았다. 그렇지만 솔직히 말하면, 겁이 나 죽을 지경이었다.

그레이스는 머리를 천천히 흔들다가 동작을 멈추고는 "지금 당신에게 필요한 게 뭐예요?"라고 물었다. 한동안 난 말을 잃었다. 찰스에 관해 나 자신에게 던졌고, 그리고 찰스가 나에게 던졌던 바로 그 질문이 아닌가. '다른 사람은 무엇을 필요로 할까?' 아내가 내 마음을 읽었을까, 아니면 조셉의 '변화를 위한 질문들'을 보았단 말인가?

거북한 마음으로 아내의 말을 되받았다.

"무엇이 필요하냐고? 지금 이 시점에선 정확히 모르겠어."

결코 거짓말이 아니었다. 진정으로 내가 뭘 필요로 하는지 모르고 있었다.

"내가 느낀 것을 얘기할게요. 당신이 지금의 회사를 택하고 얼마 지나지 않아 우리의 관계가 완전히 바뀌었어요. 당신은 변했어요. 혹시 나 때문에 그런 건 아닌지 걱정되기 시작했어요. 설마 나와 결혼한 것을 실수로 생각하는 건 아니겠지요? 내가 당신의 마음을 상하게 하거나 괴롭힐 만한 짓을 했나요?"

"그레이스, 절대 그렇지 않아." 재빨리 아내를 안심시켰다.

"결코 그런 문제는 아니야!"

"선택의 지도를 검토한 뒤에 내가 깨달은 건 어쨌든 그런 생각이었어요. 분명한 것은, 당신과 난 둘 다 자신과 상대방을 엄격하게 심판하면서 함께 심판자의 길을 내려가고 있어요. 그러면시 반발하고, 자신을 방어하고, 사소한 일이라도 잘못되면 결함을 찾지 못해 안달하고…."

난 찰스와의 관계에서 돌파구를 찾은 사실에 대해, 그리고 그로 인해 직장에서의 생활이 얼마나 많이 변했는지에 대해, 더 나아가 그게 우리 둘 사이에도 얼마나 많은 변화를 가져올지에 대해 아내에게 속 시원히 털어놓고 싶어 입이 간질거렸다. 그렇지만 그 순간에는 그레이스의 말이 더 중요했다.

"이해할 수 있어. 인정하기는 참으로 어렵지만 어쨌든 어느 정도는 사실이야."

"내 머릿속은 질문으로 가득해요. 하지만 오늘 오후까지는 그 질문 대부분이 심판자의 것이었어요. 당신과 내 관계가 정말로 곤경에 처했다고 믿어요. 그래서 우리를 심판자의 함정에서 구해줄 행동이나 말이 무엇인지 찾기 시작했던 거죠."

"이 문제는 정말로 받아들이기가 힘들어. 이걸 어떻게 말해야 할지… 도무지 어떻게 해야 할지…."

갑자기 그레이스의 얼굴이 귀신처럼 창백해졌다. 얼굴에서 색깔이란 색깔은 모조리 다 빠져나가버린 듯했다.

"제발 내가 생각해왔던 그 일만은 아니길."

그녀의 목소리는 겁에 질려 떨리고 있었다. 그 순간 난 무슨 말을 어떻게 해야 할지 몰랐다. 일어날 수 있는 모든 가능성이 마음속을 가로지르고 있었다. 그레이스도 마찬가지였으리라. 그녀는 소파에 등을 기대고 몸을 움츠린 채 나를 빤히 바라보았다.

"잠깐! 당신 지금 무슨 생각하고 있어? 혹시 내가 연애 따위 이야기를 하려는 것으로 생각하는 건 아니겠지?"

"그래요?"

나에게, 아니 우리에게는 말할 수 없이 힘든 순간이었다. 어떻게 나를 그런 사람으로 생각할 수 있지? 정말로 내가 자기를 배반하는 행위를 했다고 생각하는 걸까? 어떻게 그런 생각을 할 수 있어! 또 도대체 내가 어떤 짓을 했기에 그레이스는 그런 터무니없는 짐작을 하고 그것을 확신하게 된 걸까?

"무엇보다도 지금 난 연애를 하고 있지 않아. 그레이스, 앞으로도 그런 일은 절대로 없을 거야. 나에게는 지금 그것보다 밝히기 힘든 어떤 일이 있어."

그레이스가 앞쪽으로 몸을 기울였다. 공포에서 조금 풀려난 듯한 표정이었다. 그러나 그건 어디까지나 조금이었다.

"이봐, 내가 지금 말하고자 하는 건… 그러니까 그것 때문에 날 미워하지 않았으면 좋겠어. 내게 여자가 생긴 것만큼이나 충격적일지도 모르니까."

"무슨 일인지 말해봐요. 우리의 관계가 제대로 되려면 서로에게 솔직해야 해요. 서로에게 솔직한 삶을 살겠다면 두려움을 나

뭐 갖는 용기도 필요한 거잖아요. 비록 최악의 상황을 털어놓는 것이 될지라도."

그녀는 말을 멈추고 날 응시했다. 그 순간 가슴 한구석이 아려왔다. 내 두 눈이 촉촉해지고 있었다. 얼굴까지 발갛게 달아오르는 것을 느꼈다. 아내에게 사실대로 말할 수 있을지 자신이 없었다. 그 순간 나는 스스로 수많은 질문을 던지면서도 한 가지 질문으로 관심의 초점을 모으는 일에는 실패하고 있었다. 가장 두려운 것은 내가 직장에서 겪고 있는 문제에 대해 사실대로 말할 경우 아내가 날 버릴지도 모른다는 점이었다. 전처 재클린이 몇 년 전에 그랬던 것처럼, 날 떠나지는 않을까? 그러니까 알렉사를 만나 AZ사에 몸담기 직전에 난 직장과 아내를 잃었던 것이다. 그 것도 겨우 몇 시간의 차이를 두고 일어난 불행이었다. 이번에도 그와 똑같은 위기를 맞을 확률이 50퍼센트는 된다고 확신했다.

"당신에게 조셉에 관한 이야기를 사실대로 털어놓지 않았어. 내가 느낀 바로는, 리더십 코칭을 받으러 그 사람에게 가든가 아니면 사표를 내든가 둘 중 하나를 선택해야 할 상황이었어."

"사표라고요? 오, 벤, 미안해요! 그런 일 때문이었어요?"

"지난 몇 개월 동안 나란 존재는 아직 리더로서 준비가 되어 있지 않다는 걱정에 시달렸어. 그리고 정말 일이 제대로 풀리지 않을 경우에 당신과 내가 어떤 영향을 받을지 알 길이 없었어."

우리는 한동안 침묵을 지켰다. 이윽고 그녀가 조용히 물었다.

"일을 새로 맡고 나서 잘 안 풀린다는 사실을 언제 알았어요?"

"일을 맡은 지 겨우 몇 주 뒤였어. 처음에는 그 자리가 굉장해 보였어. 그런데 내 능력으로는 도저히 감당할 수 없을 것 같은 장애물이 하나하나 나타나기 시작하더군. 이제는 물에 빠져 허우적거리는 기분이야…."

"이해할 수 없어요."

"그레이스, 당신 지금 화났지, 그렇지? 난 당신이 그렇게 나올까봐 두려웠어."

그 순간 난 확신했다. 지난날 그렇게도 고대해왔던 승진의 기회를 놓쳤다는 사실을 확인한 순간 전처가 내게 했던 것과 똑같은 말이 그레이스의 입에서 튀어나오리라고.

"화가 나요."

"결국에는 이렇게 되고 말 거라고 짐작은 했어. 그레이스, 정말 미안해. 하지만 상황이 내게 유리한 쪽으로 반전되고 있어. 정말이야."

"잠시만 기다려봐요. 천천히 설명해봐요. 당신이 뭘 알고 있었다는 거죠? 이렇게 되고 말 거라니, 그게 무슨 뜻이죠?"

"재클린과도 이와 비슷한 일을 겪었어. 이제 현실을 똑바로 봐야겠어. 난 재클린의 기대에 맞춰 살 필요가 없었고 지금도 당신의 기대에 맞춰 살지는 않아. 그녀와 나 사이에 일어난 일은 당신도 잘 알잖아."

"잠깐만. 여기서 멈추고 더 깊이는 들어가지 말아요. 난 그레이스예요, 알아요? 재클린이 아니라고요. 당신은 지금 진실과는 다른 몇 가지 선입견을 가지고 있어요. 당신, 대답해봐요. 내 기대에 맞춰 살지는 않는다니, 그 기대라는 게 뭐예요?"

"그레이스, 당신을 탓할 생각은 없어. 나는….."

"내가 왜 당신에게 화가 났는지 그 이유를 알아요? 정말로 알아요?"

"물론 알지. 직장생활을 망친 것 때문이지."

"아뇨! 그건 아니에요! 전혀 그렇지 않아요!"

아내는 나를 향해 거의 울부짖는 듯했다.

"그렇다면 뭐야?"

당황스러웠다. 그렇다면 그보다 더 형편없는 비난거리를 찾았단 말인가? 나 자신조차도 알지 못하는 잘못을? 나는 마땅한 해명을 찾으려고 뇌를 마구 고문했다.

"아주 간단한 일인 것 같아요." 그레이스가 대답했다. "그러나 당신과 관련된 내 인생에서는 그것이 아마도 가장 중요할 거예요. 이거예요. 당신이 내게 정직하지 않았다는 거죠. 당신에게 일어난 일들을 내게 이야기하지 않았어요."

"나도 당신에게 털어놓을 뜻은 있었어. 단지 일을 다시 제자리에 돌려놓은 뒤에 말하고 싶었을 뿐이야. 금방 새 직장을 얻을 자신도 어느 정도 있었어. 그러면 사정이 나아질 테고, 그렇게만 된다면 당신이 굳이 그런 사실을 몰라도 되잖아."

"내 말 잘 들어보세요. 날 화나고 슬프게 만드는 건, 난 당신이 모든 일을, 그러니까 당신의 어려움과 고민과 성공을 내게 다 말해주기를 원하는데 당신이 그렇게 하지 않는다는 사실이에요. 난 당신에게 모든 일을 다 털어놓잖아요. 결혼이란 게 그런 것 아닌 가요? 난 직장에서 문제가 있으면 당신한테 다 이야기해요, 그렇지 않아요?"

"맞아, 당신은 그래왔던 것 같아. 난 그런 문제에 대해서는 한 번도 생각해보지 않았어."

"아까 집에 왔을 때 내가 당신에게 했던 질문 기억나요?"

"물론이지. 내게 뭐가 필요한지를 물었잖아."

"당신은 아직도 그 질문에 대답하지 않았어요. 난 당신이 그 질문에 대답해주기를 바라요."

난 의자 깊숙이 몸을 파묻고서는 턱을 바짝 당긴 채 한참 동안 그레이스의 두 눈을 응시했다. 몇 분이 흘렀는지 모른다. 고작 몇 초였을 수도 있지만 그 시간은 내 마음속에 영원히 각인되었다. '당신에게 필요한 게 뭐예요?'

"내게 필요한 것은… 지금 이 순간 정말로 솔직하게 말한다면, 내게 일어나고 있는 모든 일을 당신에게 털어놓을 필요가 있어. 당신에게 진실을 말할 수 있어야 해. 두려움 때문에 말을 못 하는 일은 더 이상 없었으면 좋겠어."

난 그레이스의 표정을 살피려고 잠시 말을 멈추었다. 처음에는 아내가 무슨 생각을 하고 있는지 감을 잡을 수가 없었다. 그럼에도 불구하고 계속 말을 해야 했다. 갑자기 그녀에게 모든 것을 털어놓아야 한다는 생각이 들었던 것이다.

"나 자신의 한계를 똑바로 봤어야 했어." 난 용기를 모아 말을 이어갔다. "다른 사람뿐 아니라 나 자신에게도 무척 많은 선입견을, 그것도 부정적인 선입견을 갖고 있다는 사실을 인정해야 했어. 그동안 심판자의 길에서 너무 오랜 시간을 헤매고 있었어. 그런 것들이 직장에서 많은 문제를 야기했어. 그리고 가장 힘든 부분은… 글쎄, 그러니까 그 문제에 대한 올바른 해결책이 없다는 사실이었어. 내 자리를 지키려면 너무나 많은 것을 배워야 한다는 생각이 들었어. 그런데 조셉 덕분에, 적어도 지금은 현명하게 선택할 수 있게 되었어."

이 시점에서 난 지난 몇 개월 동안 내가 겪어온 일들에 대해서, 그리고 새 직장에서 성공하지 못할 경우 그레이스가 큐테크에서 나란 존재는 끝장이라고 단정해버리지는 않을까 얼마나 노심초사했는지에 대해서 세세하게 털어놓았다. 나 자신이 낙오자로 느껴지는 날이 너무나 많았기에, 조셉이 심판자의 함정이라고 부른 그 구렁텅이로 점점 더 빨리 미끄러져 들어가고 있다는 사실조차 인정하려 들지 않았다. 이야기가 마지막으로 치닫고 있을 때 그레이스가 내 옆에 앉아 두 팔로 나를 감싸 안았다.

"너무너무 사랑해요, 여보. 당신이 이렇게 솔직하게 털어놓으니 사랑이 더 깊어져요. 벤, 우리는 이 문제를 잘 해결할 수 있어요. 그렇지만 약속해요, 앞으로는 절대로 오늘처럼 비밀을 털어놓아야 하는 일은 없을 거라고 말이에요. 부부 사이에 비밀이 있다는 건 서로에게 안 좋은 일이잖아요. 약속하죠?"

"쉽지는 않을 테지. 습관이란 깨뜨리기가 어렵거든. 게다가 경험을 통해 얻은 지혜지만, 푸념을 늘어놓아서는 발전이 없거든."

"그게 어디 푸념인가요! 징징 우는소리와 문제를 해결하기 위해 솔직하게 마음을 털어놓는 것 사이에는 엄청난 차이가 있어요. 게다가 난 당신의 아내잖아요. 기억해요? 마음을 나누면 더 가까워지는 법이에요. 마음을 나누면 힘이 생겨요. 우리 부부는 언제나 하나라는 것을 기억해요."

나는 아내의 말뜻을 잘 알았다. 우리의 대화는 내가 직장에서 이룩한 그 약진을 완전히 새로운 차원으로 승화시키고 있었다. 내가 깨닫지 못하는 사이에 직장동료들이 내게 기여할 여지를 막았던 것처럼, 아내에게도 그 길을 차단하고 있었던 셈이었다. 그 모든 일들이 어떻게 해서 그런 식으로 풀리고 있는지 내가 이해는 하고 있을까 하고 궁금해할지도 모르겠다. 분명히 말하지만, 난 전혀 이해하지 못하고 있었다. 하지만 명쾌하게 알고 있었던 것은 조셉이 가르쳐준 기술이 사무실에서뿐만 아니라 가정에서도 그대로 먹힌다는 사실이었다.

그때까지만 해도 난 조셉이 그저 직장생활을 위한 몇 가지 기술을, 이를테면 팀을 제대로 이끌고 내 자리를 지켜줄 기술을 보여주고 있다고 생각했다. 그즈음 더욱 분명해진 사실은, 그 기술이 막강한 힘을 지니고 있다는 것이었다. 직장동료 못지않게 사랑하는 사람이나 친구에게도 매우 효과적이었다. 이것들은 인간관계의 유익한 기술로 평생 도움을 줄 것이다.

어느 순간 한 가지 생각이 머리를 때렸다. 솔직히 말하면 거기까지 생각이 미쳤다는 표현이 맞겠다. 그레이스만이 아니라 다른 사람들도 내게 기꺼이 힘이 되고 싶어했으리라. 난 결코 외롭지 않아!

난 두 손으로 얼굴을 감쌌다. 더 이상 말하고 싶지 않았다. 말을 더 했다가는 자칫 자제력을 잃어버릴 수도 있겠다는 두려움이 밀려왔다. 그레이스의 두 팔이 느껴졌다. 이제 그녀는 내 무릎 안쪽으로 밀착해 들어왔다. 그녀는 얼굴을 감싸고 있는 내 두 손을 잡아당기고는 내 입술에 부드럽게 입을 맞추었다. 바로 그 순간 그레이스와의 관계뿐만 아니라 이 세상을 바라보는 내 시선에도 중대한 변화가 일어났다는 사실을 깨달았다.

그날 밤 2층으로 올라갈 때 우리의 팔은 여전히 서로를 감고 있었다. 걷기가 불편할 정도였다. 계단을 향해 몸을 움직이다가 엉켜 넘어지면서 우리는 크게 웃었다. 난 아내에게 이런 식으로 뒤엉켜서는 절대로 2층까지 올라가지 못한다고 말했다. 그녀는 장난스럽게 웃었다.

"그래도 한번 시도해볼 수는 있잖아요."

우리는 다시 입을 맞추었다. 그러다 갑자기 내가 심각한 표정으로 물었다. "한 가지 물어봐도 돼?"

"언제라도." 그레이스가 두 눈을 반짝이며 말했다. "언제라도 좋아요!"

위대한 결과는
위대한 질문에서 비롯된다

10:

이런 변화가 나 자신과 일에 대한 느낌을 완전히 바꿔놓았다.

아침 출근시간이 기다려지기도 했으니까.

내가 경험한 변화가 잔물결을 이루며 우리 팀 전체로 퍼져나갔던 것

같다. 다른 누군가가 한 일에 대해 감사의 말을 전하지 않고 보내는

날이 하루도 없었다. 우리는 머리를 맞대고 함께 위대한 일들을

성취하기 시작했다. 우리는 서로 떨어져 일하던 모래알이기를

그만두고 효율적인 팀으로 성숙했다.

■■■ 난 지금 큐테크 사무실의 내 책상 앞에 앉아서 5년 전 사
표를 쓰던 그날을 떠올리고 있다. 그날 이후로 얼마나 큰 변화가
일어났는가! 조셉의 질문사고 기술 덕에 난 그것이 아니었다면
꿈에도 그려보지 못했을 많은 것들을 이룩했다. 행복하게도, 그
훈련의 이점은 사적인 생활에도 엄청난 변화를 몰고 왔다. 마침
내 난 평소에 꿈꿔왔던 결혼생활을 꾸려갈 수 있게 되었다. 이 모
든 변화를 낳은 씨앗이 무엇인지 잊고 산다 싶을 때 자단으로 만
든 문진을 보면 내가 걸어가야 할 길이 떠오른다. 문진에 붙은 은
색 판이 '위대한 결과는 위대한 질문에서 비롯된다' 는 진리를 상
기시키기 때문이다.

큐테크에 일어난 변화는 의미심장하면서도 극적이었다. 회사
는 지금까지 4년 동안 줄곧 흑자를 기록했다. 물론 그 길을 걸어
오면서 우리는 많은 장애물을 극복했고, 회사의 역사에도 그 장

애물의 수만큼 전환점이 새겨졌다. 가장 힘든 도전이자 변화는 조셉의 훈련을 받는 과정에 일어났다. 그의 아이디어를 처음 들었을 때, 여러분도 기억하듯이 난 상당히 저항하는 쪽이었다. 알렉사가 그를 소개하면서 '질문하는 코치'라고 불렀는데, 그 표현도 처음엔 너무나 우스꽝스럽게 들렸다. 조셉의 관점에서 보면 나라는 존재가 너무도 힘든 고객이었음에 틀림없다. 그의 아이디어가 마침내 내 두꺼운 머리를 뚫고 몸 속으로 스며들 때까지 버텼으니 얼마나 미련하게 보였겠는가 말이다.

이 글을 쓰는 지금, 조셉의 질문사고를 대하던 나의 태도에 처음으로 의미 있는 변화가 일어났던 그 순간이 떠오른다. 자동차 안에 갇혀 있던 그날이었다. 차는 꼼짝할 수 없을 정도로 밀리고 출근시간은 다가오는 가운데, 난 찰스와의 문제를 어떻게든 해결하고픈 간절한 마음에 조셉에게 전화를 걸었다. 조셉은 자신이 고안한 '변화를 위한 최고의 질문 12가지'에 대해 이야기했고, 이어서 자신이 판단하기에 당장 내게 도움이 될 만한 질문 3가지를 가르쳐주었다. 학습자의 질문이 어떤 것인지 잘 보여주는 완벽한 예라 할 수 있는 그 질문들은 그날 이후 나의 뇌리에 영원히 새겨졌다. '나는 어떤 선입견을 갖고 있지?', '이 상황을 달리 생각할 수는 없을까?', '다른 사람들은 무엇을 생각하고, 느끼고, 필요로 하고, 원하는 걸까?' 하는 것들이 바로 날 바꿔놓은 질문이었다.

몇 개 되지도 않는 그 질문이 내가 중요한 문턱을 넘어서도록 도와주었다. 그리고 몇 시간 뒤 찰스와의 만남에서 조셉이 가르쳐준 모든 것들이 그야말로 유효하다는 사실이 입증되었다. 그제서야 나는 찰스와 함께 학습자의 길에 접어들 수 있었으며, 그후로 우리는 앞으로 나아갈 수 있었다. 우리의 협력은 팀 전체로 전염되듯 퍼져나가 모두를 하나로 뭉치게 해주었고, 그 단결이 오늘날 회사가 누리고 있는 성공의 길을 닦아주었다.

조셉의 훈련은 마찬가지로 나와 그레이스의 관계에도 큰 변화를 몰고 왔다. 그 변화는 부엌 냉장고 문에 붙여놓은 선택의 지도를 아내가 발견한 바로 그날 시작되었다. 놀랍게도 아내는 선택의 지도를 너무도 좋아했다. 그 지도를 회사에까지 가져가지 않았던가. 하지만 우리의 관계가 그야말로 크게 발전한 것은 내가 사무실에서 늦게 돌아온 날 밤이었다. 그날 밤의 대화는 우리 사이에 박혀 있던 쐐기를 뽑아내고, 끈끈한 유대관계를 맺어주었다.

행복하게도, 그 유대관계는 해가 가면 갈수록 더 깊어지고 강해져갔다. 그 전까지는 힘든 일이 있더라도 그레이스에게는 그런 사실을 가급적 숨기는 게 도리라고 굳게 믿었었다. 그렇게 골통이던 내가 상대방의 사랑을 있는 그대로 받아들이고, 순수한 마음으로 돌아가 상대방에게 호기심을 보이고, 서로를 이해하려고 노력하는 과정에서 진정한 동반자의 관계가 갖는 힘을 깨달았으니 말이다.

언제나 새로운 질문으로 촉발되었던 그 전환점들은 사물을 보는 내 시각을 크게 바꿔놓았다. 내가 얼마나 오랜 시간을 심판자의 길에서 허비했는지, 그리고 심판자의 사고방식으로 인해 겪는 불운 때문에 장애물을 빠져나오는 일이 얼마나 더 힘들어지는지를 깨달았다. 진실을 얘기하자면, 사실 난 심판자의 사고방식으로 살았고, 바로 그 점이 내가 상상했던 그 이상의 슬픔을 내게 안겨주었던 것이다. 이제는 심판자의 영역으로 미끄러져 들어가고 있다는 양심의 소리를 들을 때면 난 언제나 학습자의 자세로 돌아가기 위해 즉각 전환의 질문을 찾는다.

최근 조셉의 부인 새라가 질문하는 결혼생활에 관한 그들의 첫 책에 이어 속편을 쓰기 위해 그레이스와 나를 인터뷰했다. 인터뷰 대상에 포함되었다는 사실만으로도 대단한 영광이었다. 더욱 의미 있는 것은 그레이스가 인터뷰를 하는 동안 애정 어린 목소리로 내게 새로 붙여준 별명이었다. '질문하는 남편'이라니!

개인적인 이야기를 너무 많이 늘어놓은 것 같다. 그 시절, 그러니까 사표를 쓰고 나서 6주 후에 알렉사로부터 한 통의 전화를 받았던 그날로 되돌아가보자.

처음에는 그녀의 전화에 전혀 신경이 쓰이지 않았다. 비서가 버저를 울려 당장 알렉사의 사무실로 가보라고, 그리고 꼭 초록색 서류철을 챙겨 가라고 알려주었다. 그 말은 꽤 불길하게 들렸다. 그녀가 말한 서류철에는 내가 쓴 사직서가 들어 있었기 때문이다. 찰스와의 관계가 회복되고 팀이 제대로 돌아가게 된 이후로, 난 마침내 곤경에서 벗어났다고 자신했다. 하지만 내 판단이 잘못되었을지도 모를 일이었다.

난 하던 일을 멈추고, 서류철을 들고는 복도를 내려가기 시작했다. 이윽고 알렉사의 사무실 커다란 이중문 앞에 초조한 마음으로 섰다. 노크를 하려고 손을 들 때 안에서 목소리가 들렸다. 도대체 무슨 일인지 좀처럼 파악되지 않았다. 그 전에 사직서를 쥐고 알렉사의 사무실을 방문했던 기억을 떠올리며 혼란스러워할 때 심판자의 사고방식이 머리를 들기 시작했다. 그러나 나는 심판자의 사고방식에는 대꾸도 하지 않은 채 마음을 진정시키며 심호흡을 했다. 그리하여 학습자의 길로 들어선 뒤에 문을 가볍게 두드렸다.

몇 초 뒤에 알렉사가 날 사무실 안으로 맞아들였다. 조셉이 안에서 나를 기다리고 있는 것을 보고 깜짝 놀랐다. 그는 소파에서 벌떡 일어나 몇 걸음 앞으로 걸어와서 악수를 청했다. 자리에 앉을 때 그와 알렉사는 기분이 고조되어 있었고, 나를 보는 게 너무나 행복하다는 듯한 표정이었다.

자세를 편안하게 고쳐 앉으면서 난 우리 사이의 넓은 테이블 위에 거꾸로 놓인 액자에 뭔가가 있다는 사실을 깨달았다. 그것이 무엇인지 묻기도 전에 알렉사가 내 무릎에 얹혀 있던 서류철을 가리켰다.

"그 봉투 가지고 왔어요?"

"봉투라뇨?"

비서는 봉투에 대해서는 한마디도 언급하지 않았었다.

"기억 안 나요? 내가 예언을 담은 봉투를 줬잖아요. 당신이 그

초록색 서류철 안에 넣었고요."

난 즉각 서류철을 펼쳤다. 그녀가 말하는 봉투가 들어 있었다. 그제야 기억이 났다. 난 그 봉투를 그녀에게 건네려 했다.

"당신이 열어요! 그리고 읽어줘요."

봉투를 찢었다. 그 안에 들어 있는 쪽지는, 알렉사가 서둘러 쓴 것인데, 매우 간단했다.

"벤을 조셉의 명예의 전당에!"

이 짧은 글을 읽는 내 목소리는 당황 그 자체였다. 도대체 지금 어떤 일이 벌어지고 있는지 가르쳐줄 열쇠를 찾느라, 알렉사와 조셉의 얼굴을 번갈아 쳐다봤다. 그러자 조셉이 그의 사무실에서 본 적이 있는 액자를 집어들어 내게 넘겨주었다. 액자 속에 뭐가 있는지 확인하려는 순간 맨 꼭대기에 꽂힌 내 사진이 먼저 눈에 들어왔다.

"당신과 찰스가 만난 직후 난 당신이 가장 큰 장애물을 넘었다는 사실을 알았어요. 이제 당신이 얻을 결과가 질문사고 명예의 전당에 어울리는 수준으로 나타나는 건 시간문제입니다."

조셉이 적어놓은 글을 읽었다. 조셉의 코치를 받기 전에 내가 던지곤 했던 질문과 내가 새롭게 개발한 질문이었다. '어떻게 하면 내가 옳다는 걸 입증할 수 있을까?' 라는 질문에서 '어떻게 하면 내가 이해할 수 있을까?' 라는 질문으로 발전했다는 내용이었다. 종이에 적힌 그대로만 보아선 그 발전이 단순해 보일 수 있겠지만 실제 삶에서는 절대로 간단하지 않았다. '어떻게 하면 내가 이해할 수 있을까?' 라는 질문을 던지기 시작한 뒤로 내 삶에는 너무나 많은 것이 열렸다.

예를 들면, 그 직후에 '어떻게 하면 다른 사람들이 나에게 기여할 길을 열어둘 수 있을까?' 라는 질문을 알게 되었다. 이런 변화를 겪은 뒤 내가 보는 세상은 그 전의 세상과는 완전히 달랐다. 난 새로운 귀로 보고, 새로운 눈으로 듣기 시작했다. 조셉이 언급했던 것처럼 '말이 세상을 창조한다' 는 말이 옳았다.[4] 적어도 내겐 그 말이 진실이었다.

도대체 이 인증서를 주는 이유가 뭔지 이해하려고 그가 적어놓은 글을 꼼꼼히 읽고 있자니 조셉이 양쪽 귀밑까지 입을 벌리고 웃었다. 인증서에는 질문사고 기술을 적용한 결과 팀원들 사이에 일어났던 긍정적인 변화에 대한 묘사도 있었다.

조셉의 명예의 전당에 올라 있는 내 모습을 상상하기는 힘들었다. 하지만 그 영광은 내 마음 깊은 곳에 와 닿았다. 난 찰스와 팀원 모두가 내가 보인 놀라운 변화에 대해 많이 이야기한다는 사실을 인정했다. 그런 증거까지 부인할 생각은 없었다.

이 기념비적인 만남이 있고 나서 몇 주일이 지나는 동안 난 모든 사람과의 관계에도 두드러진 변화가 나타나기 시작했다는 사실을 깨달았다. 동료들은 나와 함께하는 일이 얼마나 수월해졌는지 모른다는 등의 피드백을 보내왔다. 다른 사람들을 이해하려고 노력하고, 거기에 약간의 응원만 보태도 그들이 내게 너무나 많은 기여를 할 수 있다는 사실을 깨닫는 것은 완전히 새로운 경험이었다. 이런 변화가 나 자신과 일에 대한 느낌을 완전히 바꿔놓았다. 아침 출근시간이 기다려지기도 했으니까.

내가 경험한 변화가 잔물결을 이루며 우리 팀 전체로 퍼져나갔던 것 같다. 다른 누군가가 한 일에 내해 감사의 말을 전하지 않고 보내는 날이 하루도 없었다. 우리는 머리를 맞대고 함께 위대한 일들을 성취하기 시작했다. 우리는 서로 떨어져 일하던 모래알이기를 그만두고 효율적인 팀으로 성숙했다.

'어떻게 하면 내가 이해할 수 있을까?' 라는 새로운 질문이 다른 사람의 기여를 경험할 수 있는 길을 열어주는 과정이 무척 흥미로웠다. 그 질문은 짧은 시간 안에 그 자체로 생명력을 얻었으며, '어떻게 하면 내가 다른 사람에게 기여할 수 있을까?' 등의 다른 질문들이 같은 맥락에서 진화해나올 여유를 주었다. 새로 탄생한 이 질문은 일을 완전히 새로운 차원으로 승화시켰다. 이 질문을 던지면 나도 모르게 다른 사람이 무엇을 원하는지, 그리고 무엇을 필요로 하는지에 대해 더 많은 관심을 보이게 되었다. 모든 게 훨씬 더 쉽게 놀아갔다. 의사선달이 잘못되는 횟수도 놀랄만큼 줄어들었다. 사람들은 각자의 아이디어를 나눠가졌고, 더 많은 질문을 던졌으며, 서로의 말에 더욱 귀를 기울였다. 정말로 이런 질문들은 그 전에는 상상도 못했던 수준의 협동과 협력을 촉진했다.

이젠 2년을 훌쩍 건너뛰어 그후의 내 이야기를 털어놓겠다. 그 시절에 큐테크는 일정하게 상승곡선을 그리고 있었다. 우리의 성공은 업계 전반에 걸쳐 회자되었으며, 마침내 《월스트리트 저널》의 특집기사 주제가 되기도 했다. 이 신문의 한 기자는 우리의 성공을 "큐테크의 특징이 된 질문하는 리더십의 분위기" 덕으로 돌렸다.

신문에 특집기사가 실리던 날, 알렉사가 전화를 걸어 자기 사무실로 오라고 말했다. 그녀는 내게 기사를 읽어주면서 내 이름이 언급되는 두 곳을 특별히 강조했다. 워싱턴 D.C.에서 열리는 리더십 회의에 참석하러 가기 겨우 몇 시간 전의 일이었다. 거기서 그녀는 '질문하는 리더' 라는 주제에 대해 발표할 예정이었다.

"큐테크에서 중요한 변화를 꾀할 준비를 하고 있는 중이에요. 당신에게 알리고 싶은 것이 두 가지 있어요. 하나는 찰스를 당신의 자리로 옮기는 겁니다. 그도 이젠 준비가 되었다고 생각해요."

한 순간 나 자신이 심판자의 길로 급선회하고 있다는 사실을 깨달았다. 찰스가 내 자리를 대신할 것이라는 암시가 갑자기 오래전 그에게 품었던 감정을 불러일으켰던 것이다. 심판자적인 반응은 날 깜짝 놀라게 했다가 금방 사라졌다. 내가 호흡을 고르고 있을 때 알렉사가 이렇게 덧붙였다.

"찰스가 당신의 자리를 물려받는 과도기에 당신이 잘 도와줬으면 좋겠어요. 그러고 나면 당신을 새로운 리더십의 자리로 옮길 생각이에요. 벤, 당신을 위해서는 큰 계획이 있어요. 하지만 세부적인 내용은 내가 워싱턴에서 돌아올 때까지 기다려야 해요."

알렉사는 내가 직접 찰스에게 승진 사실을 알려주고, 당장 인

수인계 작업에 들어가라고 주문했다. 2년 정도 찰스와 정말 가까운 관계로 일해온 터라 이제는 그 과정이 순조로울 거라는 믿음이 생겼다.

그후로 모든 일이 너무나 신속하게 진행되었다. 알렉사는 워싱턴에서 돌아오자마자 조셉과 나를 한자리에 불렀다. 우리는 회사의 발전, 그리고 질문사고의 도구들이 큐테크에 불러일으킨 근본적인 변화에 대해 이런저런 이야기를 나눴다.

"워싱턴에서 열린 회의에서는 한 가지 사실이 분명하게 드러났어요."

알렉사가 선언하듯 말했다.

"우리 회사와 비슷한 많은 곳에서 한 가지 중요한 변화가 일어나고 있어요. 조셉의 아이디어들이 유행하고 있답니다. 벤, 질문하는 리더십의 원칙을 채택하려는 경향이 두드러져요."

그녀는 잠시 말을 멈추고는 미소를 지어 보였다.

"그런 사실이 내가 워싱턴으로 떠나기 전에 결정한 사항을 더욱 확신하게 해주더군요. 당신을 리더십 개발팀의 부사장으로 승진시킨다는 것이죠."

"멋진 소식이군요."

내가 흥분을 감추지 못하고 말했다. 그와 동시에 난 케케묵은 두려움이 슬슬 피어오르는 것을 느꼈다.

"하지만 내가 그런 일을 할 수 있으리라고는 한 번도 생각해보지 못했어요. 아마 조셉의 가르침에 가장 완강하게 버틴 사람이

제가 아닐까 생각해요. 아시다시피, 제겐 그 가르침이 결코 쉽게 다가오지는 않았거든요."

조셉이 미소를 지으며 말했다.

"당신이 그 자리에 가장 적격인 이유도 바로 그 점 때문입니다. 알렉사에게는 질문사고를 받아들이지 않으려는 사람들이 내놓을 수 있는 모든 이유를 잘 알면서 그에 반박할 수 있는 사람이 필요해요. 알렉사는 온 힘을 다해 저항한다는 것 자체가 무슨 의미인지 아는 사람을 필요로 하고 있어요."

"그렇게 버티다가 결국에는 질문사고 덕에 인생을 확 바꾼 사람이 필요하다 그 말이지요?"

내가 편안한 마음으로 덧붙였다.

"질문 있어요?"

알렉사가 내 쪽으로 몸을 돌리며 물었다.

"질문요?" 내가 말했다. "아, 질문이라면 수백만 개는 되지요! 저는 당신이 그렇게도 좋아하는 그 인용문에 푹 빠져 있거든요. 매사에 질문하라!"

조셉이 웃음을 터뜨렸다.

"당신과 알렉사는 환상적인 파트너군요. 정말로 굉장한 일이 벌어지고 있습니다. 당신은 질문을 통해 한계를 극복했을 뿐만 아니라 이젠 새로운 미래를 창조하고 있어요."

조셉이 한 말을 곰곰이 되새겨보니 나에게, 그리고 우리 모두에게 참으로 옳은 말이라는 생각이 들었다. 실제로 그의 말은 나

의 생각이 앞으로 나아가도록 몰아붙이면서 또 하나의 호기심을
품게 했다.

'이제 어떤 가능성이 펼쳐질까?' [5]

위대한 결과는 위대한 질문에서 비롯된다.

질문사고 워크북

QuestionThinking™ Workbook

1. 모든 질문에 집중하라

2. 선택의 지도를 가까이 두라

3. 학습자─심판자의 질문을 구분하라

4. 관찰자적인 자아를 강화하라

5. 전환의 질문들을 활용하라

6. 선입견을 의심하라

7. 변화를 위한 최고의 질문을 기억하라

···

    당신은 3장의 끝부분에서 조셉이 벤에게 질문사고 워크북이라
는 서류철을 건네줬다는 사실을 기억할 것이다. 거기에는 질문사
고 체계의 각 부분을 이루는 7가지 도구가 들어 있었다. 이 워크
북에 실린 도구들은 기본적으로 앞에서 읽은 이야기에 언급된 순
서대로 소개된다. 이것들을 하나하나 경험하다 보면 당신은 벤이
그 도구를 어떤 식으로 응용했고, 또 그렇게 함으로써 어떤 열매
를 얻을 수 있었는지 알고 싶어질 것이다. 그래서 이야기 속에서
도구들을 쉽게 찾을 수 있도록 도구가 거론되는 페이지를 참고로
표시했다.

    각 도구는 질문사고 체계의 한 양상이다. 그렇기 때문에 도구
들은 서로 겹치기도 하고 서로를 보완하기도 한다. 벤이 그랬던
것처럼 당신도 팀워크 강화나 리더십 개발 같은 분야에 이 워크
북을 적용함으로써 직장생활에 활용할 수 있다. 또한 자신감을
높이고 건강과 웰빙을 증진하는 한편, 개인적인 인간관계와 직업

상 인간관계를 강화하는 데도 이용할 수 있다. 내 삶을 돌이켜보면 질문사고의 덕을 크게 입지 않은 구석이 거의 없는 것 같다. 물론 거기에는 질문사고 자체만이 아니라 다른 자기계발 체계가 어우러지는 경우가 많았지만 말이다.

이 워크북을 최대한 활용하는 방법에는 두 가지가 있다.

첫째, 변화를 꾀했으면 좋겠다 싶은 개인적 혹은 직업적 상황이 있으면 거기에 그 도구들을 적용한다. 워크북을 다 읽은 뒤 각 도구를 상황에 맞게 적용하면 된다.

둘째, 각 도구를 떠올리기 위한 참고도서로 워크북을 활용한다. 워크북을 빨리 읽고, 그 안에 담긴 내용과 친숙해지려고 노력한다. 그러다 보면 특별히 관심이 끌리는 도구가 하나 이상은 나올 것이다. 아마 앞에서 벤의 이야기를 읽으며 어떤 도구에 대해서는 나중에라도 활용하는 법에 대해 조금 더 알았으면 좋겠다는 생각을 품었을지도 모르겠다. 아니면 벤의 이야기에 나오는 무엇인가가 당신의 호기심을 자극했을 수도 있다.

당신이 어떤 방법을 택하든, 실습으로 제시한 것 중 몇 가지를 직접 해보라고 권하고 싶다. 예컨대 나의 경우에는 승객의 입장에서 차를 탈 때는 방향감각을 잡기가 참으로 어렵다는 사실을 경험한다. 원하는 곳에 정확히 닿기 위해서는 운전석에 앉는 것, 그러니까 자신이 직접 운전 하는 것이 좋다.

자신을 믿어라. 워크북의 페이지를 넘길 때는 관심이 가는 대로 자신을 맡겨버려라. 꼭 기억할 게 있다. 이 도구들은 보편적이고, 무수히 많은 방식으로 응용될 수 있다는 사실이다.

이 도구들을 다른 사람과 나누길 바란다. 질문사고의 도구들을 복사해서 친구, 가족, 그리고 직장동료들에게 나눠줘도 좋겠다. 냉장고에 붙여두고 자극을 받으며 가족과 따뜻한 대화를 나눠도 좋지 않을까. 사무실에 붙여두는 것도 좋고, 질문사고가 유익하게 활용될 수 있는 그룹이나 팀 회의에 가져 가는 것도 좋겠다.

나의 웹사이트(www.InstituteforInquiringLeadership.com)에서 여러분은 스터디 그룹이나 자기계발 그룹을 결성하는 일을 포함해서 이 도구들을 개인적으로 활용할 수 있는 방법을 발견할 것이다. 거기에는 기업이나 공동체에서 그 도구들을 좀더 잘 활용할 수 있게 해주는 힌트도 많다.

나는 당신이 내게 많은 이야기를 들려주길 바란다. 특히 질문사고가 당신의 삶을, 말하자면 직장생활과 가정생활을 어떻게 바꿔놓았는지에 대해 관심이 많다.

1. 모든 질문에 집중하라

이 도구는 두 개의 파트로 구성된다. 하나는 자신의 내면에 더욱 적극적으로 질문을 던지고 효율적으로 변하는 것과 관계가 있다. 그리고 다른 하나는 다른 사람에게 더욱 적극적으로 질문을 던지고 효율적으로 변하는 것과 관계가 있다.

A: 내면에 던지는 질문들

목적 자신에게 던지는 성찰의 질문들이 어떤 것인지 자각하고, 질문의 양과 질을 높이기 위한 것이다.

검토 그가 알았든 몰랐든, 벤은 자신의 인생에서 질문이 큰 역할을 한다는 사실을 깨닫는 순간부터 변화하기 시작했다. 그런 깨달음이 있고 나서야 그는 질문사고 체계에 동원되는 도구들을 이용하기 위해 질문을 세련되게 다듬을 수 있었다. 성찰의 질문에 대한 자각을 높이는 방법으로 내가 제시하는 두 가지 실습은 지극히 간단하다. 첫 번째 실습은 당신의 삶에 내면의 질문이 얼마나 자주 일어나는지에 대해 관심을 돌리게 할 것이다. 그리고 두 번째 실습은 그 질문의 종류와 그것이 가져오는 결과에 관심을 돌리게 할 것이다.

실습 1 인생을 살아가면서 하는 모든 일은, 그러니까 우리의 모든 행동은 따지고 보면 우리 내면에서 일어나는 질문에 대한 반응이다. 심지어 아침에 출근하는 것과 같은 일상적인 일도 우리의 질문에 바탕을 두고 있다. 자동차로 출근할까? 걸어서 갈까? 자전거를 탈까? 아니면 차를 얻어 타고 갈까? 그리고 만약에 자동차로 출근한다면, 고속도로를 달릴까? 경치가 아름다운 길을 달릴까? 가는 길에 공사하는 곳이 없던가? 어느 길이 가장 빠를까? 어느 길이 가장 안전할까? 어느 길을 달리는 게 가장 유쾌할까? 이런 질문에 대한 대답이 우리의 결정으로 나타나는 것이다. 그리고 그 결정은 곧 우리가 얻게 될 결과로 이어진다.

내일 아침 잠에서 깨어나면 당신도 한번 연구해보기 바란다. 어떤 방식으로 출근할지 결정할 때 당신이 자신에게 던지는 질문들을 주의 깊게 살펴보는 것도 좋겠다. 그후에도 하루 동안 어떤 행동을 하게 되면 가끔 그런 행동을 유발하는 질문이 어떤 것인지 자신에게 물어보길 바란다. 그 행동이 당신 자신의 것이어도 좋고, 다른 사람과의 사이에 일어나는 것이어도 좋다. 행동을 유발하는 질문들을 끄집어내는 일에는 어느 정도 인내가 필요할지 모른다. 그래도 성찰의 질문들이 당신의 삶에서 행사하는 막강한 힘을 인식할 수 있을 때까지 행동을 유발하는 질문에 매달려보라.

실습 2 하루 종일 일어난 일에 대해 당신이 어떤 식으로 반응했는지 주목해보라. 처음 떠오른 생각이 진술(의견일 수도 있고 가정일 수도 있다)인가 아니면 질문인가? 만약에 진술이라면, 그것을 질문으로 바꾸는 실험을 하고, 그런 뒤 당신의 기분과 행동, 상호작용, 혹은 결과에 어떤 변화가 있었는지 살펴보라. 질문의 종류에 따라서 결과가 확 달라지지 않는가?

B: 다른 사람에게 던지는 질문들

목적 당신이 다른 사람에게 던지는 질문이 어떤 것인지 자각하고, 그 질문의 양과 질을 높이기 위한 것이다.

검토 다른 사람에게 던지는 질문은 우리 내면에 던지는 질문에서 비롯된다. 다른 사람에게 질문을 던지는 몇 가지 이유를 보면 이렇다.

- 정보 수집을 위해
- 이해하고 배우기 위해
- 인간관계를 트고, 개선하고, 지속하기 위해

- 들은 내용을 확인하고 명확히 해두기 위해
- 창의성과 혁신을 자극하기 위해
- 갈등을 치유하기 위해
- 협력을 일깨우기 위해
- 가능성을 열기 위해

질문 없이 이런 목적을 이루려 한다고 상상해보라. 그 목표는 어떤 상황에 처하거나 사람을 대할 때 대답이나 의견보다는 질문을 던지고 호기심을 품는 데 있다.

실습 1 자신을 돌이켜볼 때 질문과 진술의 비율이 어느 정도인가? 다른 사람과 대화를 나눌 때 질문이 80퍼센트이고 서술이나 대답이 20퍼센트인가? 아니면 그 반대인가? 당신은 보통 어떤 비율이라고 생각하는가? 오늘 하루 동안 적어도 한 차례의 대화에서 80퍼센트를 질문으로 채우도록 노력해보라.

실습 2 당신의 삶에 긍정적인 변화를 준 질문을 떠올려보라. 다른 사람에게 던진 질문일 수도 있고, 당신에게 던진 질문일 수도 있다. 또 개인적인 상황에서 던진 질문일 수도 있고, 직장의 어떤 상황에서 던진 질문일 수도 있다. 어떤 질문이었는가? 결과는 어땠는가? 그 질문의 어떤 점이 당신의 삶에 변화를 주었다고 생각하는가?

실습 3 다른 사람에게 질문을 던지고 싶었지만 껄끄러워 그러지 못했던 날을 떠올려보라. 무엇이 질문을 하지 못하게 했는지 호기심을 품어보라. 그리고 질문을 던질 용기를 얻으려면 무엇이 필요한지 궁금하게 여겨보라. 이제는 당신이 질문을 할 때 어떤 일이 일어나고, 질문을 하지 않을 때 어떤 일이 일어나는지 관찰해보라.

2. 선택의 지도를 가까이 두라

(전체 그림은 58~59쪽 참조)

목적 학습자—심판자의 사고방식, 그리고 각각의 사고방식이 이끄는 미래를 시각적으로 요약한 선택의 지도를 활용하는 데 있다.

검토 벤의 이야기 전반에 걸쳐서 선택의 지도는 길을 안내하는 핵심 가이드 역할을 한다. 말하자면 질문의 성격이 어떠하며, 그것들이 자신의 행동에 어떤 영향을 미치는지, 그리고 그 결과가 질문의 영향을 어느 정도 받는지 늘 깨어 있는 마음으로 인식하게 만드는 것이 선택의 지도이다. 선택의 지도 덕에 벤은 언제나 자신이 서 있는 자리를 정확히 파악했고, 다른 결과를 얻으려면 질문을 어떻게 바꿔야 하는지 고려할 수 있었다. 여기에 이 도구를 응용하는 4가지 방법을 제시한다.

실습 1 당신이 지금 선택의 지도에 그려진 갈림길에 서 있다고 상상해보자. 직장생활이나 경력에 생긴 문제를 어떻게 처리해야 하나 곰곰이 생각하면서 말이다. 아니면 가족이나 친구, 건

강, 개인의 발전이 걸린 지극히 사적인 문제를 고민하고 있을 수도 있다. 이 상황에 대해 자신에게 심판자의 질문과 학습자의 질문을 두루 던져보는 것도 멋진 실험이 되겠다.

그 질문들이 당신에게 어떤 영향을 미치는지, 그리고 각각의 질문이 당신을 선택의 지도 어느 쪽으로 끌고 가는지 유심히 관찰해보라.

만약 당신이 심판자의 길로 들어서 있는 상태라면, 이번에는 어떤 전환의 질문이 당신의 발길을 전환의 오솔길로 돌리게 해서 다시 학습자의 영역으로 들어가게 하는지 곰곰이 생각해봐야 한다. 선택의 지도를 바라보면서 이렇게 묻기만 하면 된다. '지금 내가 서 있는 곳은 어딘가?', '혹시 심판자의 길에 들어선 건 아닐까?', '나는 어디에 서 있기를 원하는가?', '그곳에 가려면 어떤 질문이 도움이 될까?'

실습 2 선택의 지도를 활용하면 당신 뜻대로 되지 않았던 상황에서도 무엇인가를 배우게 된다. 그때 당신의 성공을 가로막은 요인 중에 심판자의 사고방식에서 나온 해악이 있었다면, 그것을 발견할 수 있다는 뜻이다. 만약에 그게 사실이라면, 당신은 여기서 무엇을 배울 수 있을까? 이 책에서 얻은 지식과 기술을 무장하고 있는 지금, 그때와 똑같은 상황에 처한다면 당신은 어떻게 처신하겠는가?

실습 3 선택의 지도를 활용하면 예전에 만족스럽게 해결된 상황에서도 배울 게 있다. 어떤 학습자의 질문이 그 상황을 해결하게 만들었을까? 그런 질문들이 어떻게 작용했기에 당신이 심판자의 함정을 피할 수 있었을까? 만약에 그때 심판자의 질문을 품었다면, 어떤 전환의 질문들이 당신을 학습자의 길로 다시 안내했을까? 이런 관찰로부터 당신은 장래에 도움이 될 수 있는 어떤 교훈을 끌어낼 수 있을까?

실습 4 선택의 지도를 다른 사람에게 설명하라. 그러면 적어도 그 사람에게 준 만큼은 얻을 수 있을 것이다. 의학계에 오래된 격언이 하나 있다. "하나를 보면 그것을 행동으로 옮기고 가르쳐라. 그러면 그것은 당신 것이 된다." 주위 사람들과 학습자적인 파트너십을 강화하는 아이디어로 참 이상적인 방법이 아닐까 싶다.

3. 학습자 – 심판자의 질문들을 구분하라

(차트는 121쪽 참조)

목적 차트를 활용해 학습자와 심판자의 사고방식을 구분하고, 그것이 우리의 사고와 행동, 인간관계와 결과에 어떤 영향을 미치는지 파악한다.

검토 앞에서 읽은 이야기에서 조셉은 벤에게 학습자—심판자 질문들의 차트를 활용하는 법을 보여준다. 벤이 던지고 있는 질문의 성격을 확인하고, 그것이 자신과 다른 사람들, 그리고 그를 둘러싼 여러 상황에 어떤 영향을 미치는지 깨닫게 하기 위해서다. 다음에 제시하는 내용을 따라하다 보면 당신도 벤과 비슷한 경험을 하게 될 것이다.

실습 학습자 – 심판자 질문들을 보면서 천천히 심판자의 난에 들어 있는 질문들을 모두 읽어보라. 눈으로 읽어도 좋고 크게 소리내어 읽어도 좋다. 그러면서 그 질문들이 육체적으로나 정서적으로 어떤 영향을 미치는지에 주목하라. 만약에 당신이 대부분의 사람들과 비슷하다면, 심판자의 질문을 읽을 때면 에너지가 빠져나가고, 두려운 마음이 일고, 부정적인 마음이나 긴장감이 생기며, 심할 때는 약간의 우울증까지 느낄 수도 있을 것이다. 실제로 워크숍에서 이 연습을 해보면 숨이 멎는다거나 갑자기 스트레스가 느껴진다거나 심지어 두통까지 호소하는 사람들도 나온다. 그들은 심판자의 질문이 그렇게 빨리 자신들에게 영향을 미친다는 사실에 놀란다.

이제 학습자의 질문을 살펴볼 때다. 심호흡을 하면서 심판자의 사고방식을 버리도록 하자. 차트의 오른쪽에 적힌 학습자의 질문을 천천히 읽어라. 어떤가? 사람들은 학습자의 질문을 읽으면 에너지가 솟아나고, 낙천적으로 변하고, 마음이 열리고, 희망적이고, 근육이 이완되는 것 같다고 말한다. 해결책과 가능성을 모색할 힘이 생기는 것 같다고 한다. 어떤 남자는 그 느낌을 이렇게 표현했다. "학습자의 눈으로 바라볼 때면 내가 미래에 희망을 품고 있다는 것을 느낀다."

차트를 두루 살피면서 당신의 신체와 정서가 질문에 따라 다르게 반응한다는 사실을 깨달았다면, 벤이 그랬던 것처럼 당신도 질문에 따라 기분이 크게 달라지는 이유를 확인했을 것이다. 서로 대조적인 두 가지 사고방식에 익숙해졌다면, 이제 그런 질문들이 당신 주변 사람에게 느끼는 감정에는 어떤 변화를 주는지 알아보자. 심판자의 사고방식이 직장동료나 배우자, 자녀, 아니면 친구들과의 의사소통에 어떤 식으로 영향을 미

치는지 자신에게 물어보라. 그리고 이번에는 학습자의 사고방
식이 의사소통이나 경험, 결과 등에 어떤 식으로 영향을 미치
는지 똑같은 질문을 자신에게 던져보라.

4. 관찰자적인 자아를 강화하라

(관찰자적인 자아를 응용하는 방법은 106~108쪽 참조)

목적 자신의 생각이나 느낌, 행동을 더욱 객관적으로 바라볼 수 있도록 내면의 관찰자적인 자아를 일깨우고 강화하는 데 있다.

검토 3장에서 벤은 자신의 내면세계에서 관찰자라 불리는 부분을 활용하는 요령을 배운다. 조셉이 지적하듯이, 우리 모두에게는 이 관찰자의 능력이 있다. 그것은 간단히 말해 자신이 생각하고 느끼고 행동하는 것을 객관적으로 바라볼 줄 아는 능력이다. 당신은 이미 혼자 힘으로 이 능력을 경험했을지도 모른다. 마치 영화를 보는 것처럼, 당신이 영화의 주인공인 것처럼 느끼면서 말이다.

100퍼센트 객관적이고 열린 마음이 가능하기나 할까? 아마 불가능할 것이다. 하지만 관찰자의 자세로 전환할 수 있는 능력은, 그 정도가 아무리 하찮을지라도, 자신을 평가하고 변화를 꾀하고 결정을 내리고 중압감 속에서도 효과적으로 일하고 다른 사람에 대해 이야기할 때 매우 값진 재산이 될 수 있다. 관찰자의 능력은 또한 감성지능의 초석이 되는, 일종의 자각을 강화해준다.

우리가 던지는 질문이 어떤 성격인지 늘 인식하고, 어쩌다가 심판자의 길로 들어섰다는 사실을 발견했을 때 학습자의 길로 전환하기에 가장 이상적인 것이 바로 관찰자의 마음이다.

관찰자적인 자아를 강화하다 보면 평상심이 생긴다. 그러면 자신의 생각과 감정에 어느 정도 초연할 수 있다. 옳거나 그르다는 판단이 덜 중요해지고, 결과에 덜 집착하게 된다. 많은 영적·철학적 전통을 들여다보면 그 핵심에는 반드시 이 관찰자의 능력이 자리 잡고 있다. 그것은 명상으로 더욱 커질 수 있는 자연스런 능력이기도 하다.

단 몇 분이라도 좋으니 매일 규칙적인 연습을 통해 관찰자적인 '근육'이 살아 꿈틀거릴 수 있도록 가꿔라. 목표는 차분해지고, 평온해지며, 자신이나 다른 사람과 온전하게 함께할 수 있는 능력을 개발하는 것이다. 목표를 이루고 나면, 그 능력은 필요할 때 당신 앞에 나타나기 위해 당신 마음속에 고이 간직될 것이다.

이런 훈련이나 명상의 가르침을 담은 훌륭한 책들은 참으로 많다. 그리고 대부분 서점이나 도서관에서 쉽게 구할 수 있다.

실습 1 가정에서든 직장에서든 전화벨이 울리면, 가만히 하던 일을 멈추고 전화벨이 계속 울리도록 내버려둬보라. 실제로는 전화벨 소리에 귀를 기울이라는 뜻이다. 그렇게 하다 보면 당신은 행동하고 싶은 욕구, 그러니까 전화기로 달려가서 수화기를 들고 싶은 욕구를 느끼거나 전화를 피하고 싶은 욕구를 느낄 것이다. 그러면 행동(전화를 받는 행위)하거나 전화벨 소리로 일어난 생각과 감정에 집착하지 말고, 당신의 몸과 마음에 어떤 일이 벌어지는지 조심스럽게 관찰해보라.

당신의 생각과 감정은 하늘을 가로질러 흐르는 구름과 같고, 당신은 그저 덧없는 그림을 보고 있다고 상상해보라.

도전적인 상황에 직면해서 어떤 행동을 하고 싶다는 충동이 느껴지거나 표현하고 싶은 생각 혹은 감정이 생길 때에는 곧장 그렇게 하지 말고 관찰자의 자세로 들어가는 게 바람직하다. 전화벨 소리와 마찬가지로 당신은 그런 충동에 응답할 필요가 없다. 그런 상황을 그저 바라보는 방법을 배울 수 있다.

그렇게 한참 바라본 뒤에 행동한다면 보다 사려 깊고, 전략적이고, 예상되는 결말을 두루 고려한 행동을 취할 수 있을 것이다.

실습 2 중요한 선택을 해야 하는 상황에 처하거나 심판자의 사고방식에 빠져들게 되면, 몇 분 동안 깊은 생각에 잠겨보라. 차분히 앉아서, 바로 그 순간 당신이 생각하고 느끼고 원하는 모든 것에 주목하라. 당신이 관찰한 것이 무엇이든, 아직은 행동에 옮길 때가 아니라는 걸 자신에게 굳게 약속하라. 그저 관찰하고 주목하면 되는 것이다.

광범위한 의미에서 본다면, 관찰자는 성찰의 질문 하나를 조용히 묻고 있다. '지금 여기 있는 것이 무엇인가?' 순간, 순간, 그리고 또 다른 순간. 관찰자적인 자아가 효과적이고 강건해지면 당신이 심판자의 길에 들어설 때 그것을 알아차리는 일이 훨씬 수월해진다. 자신에게 진정한 선택의 힘을 부여하는 것도 당신이 어디 있는지를 깨닫는 바로 그 순간부터다.

5. 전환의 질문들을 활용하라

(조셉이 벤에게 가르친 전환의 질문은 108~109쪽 참조)

목적 전환의 질문들을 활용해 심판자의 길에서 학습자의 길로 들어서거나 학습자의 가능성을 여는 방법을 배우는 데 있다.

검토 전환의 질문은 학습자의 질문의 특별한 한 종류이다. 벤은 자신이 심판자의 길에 들어섰다는 사실을 깨달을 때마다 전환의 질문을 던지는 법을 배운다. 선택의 지도를 마음속 깊이 간직해두자. 지도가 심판자의 길에서 곧장 학습자의 길로 이어지는 지름길인 전환의 질문을 떠올리게 할 것이다.

전환의 질문들을 '구원의 질문'이나 'U턴용 질문' 아니면 '항로 수정 질문'으로 생각하라. 그것은 글자 그대로 심판자의 함정을 피할 수 있게 해준다. 설령 심판자의 길에 들어섰다 하더라도 당신이 그런 현실을 간파하는 순간, 그 질문들을 활용하면 재앙을 면할 수 있다. 또한 새로운 방향을 선택할 기회를 제공하며, 다른 사람과의 관계에도 중요한 돌파구를 열어준다.

본질적으로 전환의 질문들은 '어디에서 어디로'에 관한 것이다. 말하자면 그 질문들은 심판자의 길에 들어섰다고 깨닫는 순간 당신을 학습자의 사고방식으로 되돌려놓는다. 이미 당신은 자기만의 전환의 질문들을 가지고 있다. 그 중에서 가장 훌륭한 질문은 자연스럽고 친근하게 다가오는 것이다. 또한 당신이 가장 손쉽게 동원하고 활용할 수 있는 것들이다. 그 질문들은 닳으면 닳을수록 더욱 효과적이다. 다음 질문들은 지난 몇 년 동안 내 워크숍에 참가했던 사람들이 제시한 전환의 질문이다.

- 지금 나는 심판자의 길에 들어서 있는가?
- 나는 어디에 있고 싶은가?
- 어떻게 하면 원하는 곳에 이를 수 있을까?
- 도대체 진실이 뭘까?
- 이 상황을 달리 생각할 수는 없을까?
- 지금 나는 어떤 선입견을 품고 있는가?
- 이 감정이 내가 느끼고자 했던 것인가?
- 내가 원하던 게 바로 이것인가?
- 내가 뭘 놓치거나 피하고 있지는 않은가?
- 어떻게 하면 더 객관적이고 정직할 수 있을까?
- 다른 사람은 무엇을 생각하고, 느끼고, 필요로 하고, 원할까?
- 이런 상황에서 내가 생각해낼 수 있는 유머는 뭘까?
- 지금 당장 나의 선택은?

이 목록은 점점 진화하며 성숙해간다. 이 질문들을 생각하며 여기에 당신의 질문을 보태보라.

실습 1 무척 힘들고 당혹스러웠지만 결국에는 반전되고 말았던 어떤 상황을 생각해보자. 그때 당신은 전환의 질문을 활용했으면서도 그런 사실을 깨닫지 못했을 뿐이다. 당신을 미소 짓게 만든 전환의 질문들이 어떤 것이었는지 한번 생각해보라. 그리고 그 전환의 질문들이 당신의 처지를 바꿔놓았다고 믿는 이유는 무엇인가? 당신이 직관적으로 물어온 그 성찰의 질문이 무엇인지 발견하면 당신은 보다 의도적으로, 보다 노련하게, 보다 빨리 질문할 수 있을 것이다. 그런 질문이 어떤 것이었는지 쉽게 생각나지 않으면 앞에 열거한 질문들을 활용해서 기억을 되살릴 수도 있다.

실습 2 전환의 질문 하나를 택해 며칠 연습해보기 바란다. 앞의 목록에서 골라도 좋고 자신의 경험에서 얻은 것이어도 좋다. 그 다음에 또 다른 질문을 하나 골라라. 그런 식으로 계속 연습해보라. 그런 질문을 던질 때 다른 사람뿐 아니라 자신에게 나타나는 효과에 주목하라. 어떤 질문이 친숙하고, 쉽고, 자연스럽고, 가장 유익한 것 같은가? 상황이나 인간관계에 따라 효과가 각각 다르게 나타나지 않는가? 실험을 통해 답을 찾아보자.

실습 3 A-B-C-C 선택 과정이다. 변화가 필요하다 싶은 상황
을 골라서 벤의 이야기 128~129쪽에 제시된 공식대로 따라 해
보라.

6. 선입견을 의심하라

목적 잘못된 정보나 불완전한 정보를 바탕으로 선입견을 품지 않는다.

검토 선입견은 과거로 연결된 보이지 않는 굴레이며, 선택의 자유와 미래를 위한 행위를 봉쇄한다. 선입견을 품는다는 것은 곧 그것이 진실인지 의문을 품어보지도 않은 채 무턱대고 진실이라고 믿거나 단정해버리는 것을 말한다. 선입견을 갖고 있으면서도 그것이 그릇되었다는 걸 깨닫지 못하거나, 아무 의심 없이 믿어버리는 일이 다반사다. 선입견이란 것은 우리가 그것을 백일하에 드러내기 전까지는 목표와 가장 깊은 소망을 달성하려는 우리의 노력을 방해할 수 있다. 자신이 깨닫지 못하는 이 맹점을 드러낼 수만 있다면 새로운 통찰과 창의적인 가능성을 얻을 수 있다. 그런 통찰과 가능성은 보다 긍정적이고 생산적인 방식으로 나아가는 길을 열어준다.

선입견은 효율적인 의사소통을 방해한다. 또 만족스런 인간관계를 구축하고 유지하는 일을 어렵게 만들 수 있다. 예를 들면, 벤은 찰스의 끊임없는 질문공세가 자신을 사보타주하려는 의도라고 단정해버린다. 이런 선입견은 결국 찰스의 진정한 동기, 말하자면 벤이 원하거나 필요로 하는 것을 찾아내지 못하게 막는다. 또 그레이스가 자신을 도와주는 제니퍼에게 가졌던 선입견을 떠올려보라. 그레이스가 자신의 선입견을 의심하고 제니퍼의 진심이 무엇인지 확인하기 전까지 그녀의 선입견은 제니퍼를 무능한 직원으로 만들어버렸다.

선입견 때문에 낭패를 보지 않으려면 그것을 감지해야 한다. 당신은 그것을 어떻게 찾을 것인가? 가장 먼저 필요한 것은 선입견을 발견하고야 말겠다는 의지이다. 자신과 다른 사람에 대해 세련된 질문을 던지는 습관은 선입견이라는 맹점을 드러내고, 또 거기서 한 걸음 더 나아가 가치 있는 정보와 시각, 가능성을 발견하게 해주는 최선의 도구이다.

실습 곤경에 처했거나, 좌절했거나, 아니면 변화가 필요한 상황을, 사적인 것이든 직업적인 것이든 한 가지 떠올려보라. 다음에 열거하는 선입견을 깨뜨리는 질문들을 활용해 당신의 성공을 가로막거나 제한할 수도 있는 선입견을 멋지게 찾아보자. 최선의 결과를 얻기 위해, 특정한 상황에 비추어 각각의 질문을 완벽하게 고려한 뒤 당신이 발견한 것을 글로 적어보라. 그것을 기록하는 행위만으로도 심오한 반성과 발견을 자극할 수 있다.

- 나 자신에 대해, 예컨대 나의 능력과 책임에 대해 선입견을 품고 있는가?
- 다른 사람에 대해서, 예컨대 그들의 능력과 책임에 대해 선입견을 품고 있는가?

- 지금은 진실이 아닐 수도 있는 예전의 경험을 바탕으로 어떤 선입견을 품고 있지는 않은가?
- 이용 가능한 자원에 대해 내가 어떤 선입견을 품고 있는가?
- 한계를 미리 설정하거나 뜻밖의 일을 경험하게 되리라고 기대하지는 않는가?
- 외부환경이나 현실에 대해 어떤 선입견을 품고 있는가?
- 불가능한 것들 혹은 가능한 것들에 대해 어떤 선입견을 품고 있는가?

7. 변화를 위한 최고의 질문을 기억하라

목적 변화를 꾀하거나 방향을 재설정하기 전, 만사를 빈틈없이 챙겼다는 사실을 확인하는 데 필요한 논리적 질문을 제공한다.

검토 7장에서 벤은 교통체증으로 자동차에 갇히게 되자 조셉에게 전화를 건다. 그러자 조셉이 변화를 위한 최고의 질문 12가지 중에서 3가지를 들려준다. 그것을 바탕으로 벤은 찰스와 자신의 관계를 다시 바라본다. 그리고 그 질문들 덕에 자기 팀원들을 좀더 부드럽게 대하는 방법을 발견한다. 벤과 팀원 간의 순조로운 관계는 회사에 돌파구를 열어주고, 벤에게는 엄청난 승진의 계기를 마련해준다. 어디 그뿐인가. 3가지 질문이 이번에는 아내 그레이스와의 관계에서 의미 있는 전기를 맞도록 돕는다.

최고의 질문 12가지에 담긴 질문들은 여러 해에 걸쳐 나의 고객, 워크숍 참가자들과 함께 머리를 맞댄 결과 탄생한 것들이다. 그 목록은 적어도 세 가지 방식으로 활용할 수 있다. 첫째, 그것은 논리적으로 이어지는 일련의 질문이어서 당신이 변화를 꾀하거나 개선하고 싶은 상황이 있으면 언제든 도움이 된다. 둘째, 자신이 놓치고 살아온 질문들을 찾아서 그 목록을 정밀히 검토해볼 수도 있다. 셋째, 어떤 상황에 처했을 경우 거기에 딱 들어맞는 질문을 찾고자 할 때도 그 목록에 의존할 수 있다.

이 목록에는 살아가면서 맞닥뜨리게 되는 다양한 도전에 적용할 수 있는 질문들이 들어 있다. 목표는 이 질문들을 당신의 일상적인 사고 안으로 자연스럽게 녹여 통합시키는 것이다. 그러면 도전이 닥쳐올 때 그 질문들 중 몇 가지를 쉽게 떠올릴 수 있다. 각각의 질문이 모든 상황에 다 적용되지는 않는다. 당신이 특별히 좋아하는 질문들만을 모아 한 묶음으로 발전시켜 규칙적으로 활용해보라고 하는 것도 바로 그런 이유에서다. 이 질문들은 당신의 마음을 열 수도 있고 변화시킬 수도 있다. 만약에 그것들을 활용하지 않았다면 놓치고 말았을 새로운 선택과 가능성들을 당신 앞에 풀어놓을 것이다.

실습 선입견 실습에서와 마찬가지로, 당신이 곤경에 처했거나 좌절했거나 아니면 어떤 변화가 일어났으면 하고 바랐던 상황을 생각해보라. 목록에 적힌 질문 하나하나를 몇 가지 각도에서 던질 수 있다. 자신에게 '나는 뭘 원하지?' 라는 식으로 질문을 던질 수도 있다. 그리고 '당신은 뭘 원해요?' 라는 식으로 다른 사람에게도 질문을 던져보라. 아니면 당신과 밀접한 관계를 맺고 사는 사람들에게 '우리는 뭘 원하지?' 라는 식으로 질문할 수도 있겠다.

변화를 위한 최고의 질문

- 나는 뭘 원하지?
- 어떤 선택을 할까?
- 나는 어떤 선입견을 갖고 있지?
- 내가 책임질 것은 무엇이지?
- 이 상황을 달리 생각할 수는 없을까?
- 다른 사람들은 무엇을 생각하고, 느끼고, 필요로 하고, 원하는 걸까?
- 내가 놓치거나 피하고 있는 것은 뭘까?
- 이 사람이나 이 상황에서, 이 실수나 실패 혹은 성공에서 내가 배울 수 있는 것은 뭘까?
- (나 자신 혹은 다른 사람에 대해) 무슨 질문을 던져야 하나?
- 어떤 행동이 가장 적절할까?
- 어떻게 하면 이 상황을 윈-윈으로 바꿀 수 있을까?
- 무슨 일이 가능할까?

이 목록을 눈에 잘 띄는 곳에 놓아두고 곤경에 빠졌다는 느낌이 들거나 대안이 필요하다는 판단이 들 때 언제라도 참고하기 바란다. 물론 당신에게 유익하다고 판단되는 새로운 질문을 추가해도 좋다.

벤의 이야기는 픽션이긴 하지만 그 안에는 진실이 가득하다. 개인지도나 세미나를 통해 내게서 이 원칙들을 배운 많은 사람들, 그리고 상담을 받았던 조직들이 벤의 이야기에 나오는 것과 똑같이 눈부신 결실을 거두는 것을 나는 두 눈으로 똑똑히 보아왔다. 어떻게 보면, 벤이라는 이름을 빌려서 그들의 이야기를 독자 여러분과 나눈 셈이다.

이 이야기는 또한 나의 이야기이기도 하다. 서문에서 내 삶에도 똑같은 기술과 도구를 응용했다고 밝혔는데 그건 사실이다. 질문사고의 전략이 없었다면 나는 아마 이 책을 쓰지 못했을 것이다. 만약에 내가 설파하고 있는 이 내용을 매일 연습하지 않았다면, 몇 군데 기업을 공동으로 소유하는 일도 없었을 것이고 지금처럼 만족스런 결혼생활도 누리지 못했을 것이다.

다른 많은 저자들과 마찬가지로, 나 또한 개인적으로 체득한 것을 다른 사람들과 나누고 싶은 마음에서 이 책을 쓰게 되었다. 이제 여러분도 벤의 이야기를 읽고 워크북까지 훑어보았으니 질문사고 기술의 덕을 조금은 보기 시작했을 거라고 믿고 싶다.

안와르 사다트Anwar Sadat는 이런 말을 남겼다.

"사고의 바탕을 바꿀 수 없는 사람은 현실 또한 결코 바꿀 수 없다."

우리가 내면에 던지는 질문들이 바로 사고의 바탕이다. 질문을 바꾸면 인생까지 바꿀 수 있다고 주장하는 근거도 거기에 있다.

가정과 직장에서의 인간관계를 학습자의 사고와 행동으로 끌어가는 경향이 강하면 강할수록, 당신은 자신에게뿐만 아니라 주변 사람들과 조직에 더욱 긍정적인 영향을 미치게 된다. 질문하는 리더와 질문하는 팀, 질문하는 조직, 질문하는 결혼생활이 더 많아질 때 이 세상이 어떤 모습으로 변할지 한번 상상해보라. 그리고 이 같은 원칙을 자녀양육과 교육에 적용하면 어떨까? 심판자가 심판자를 낳는 것도 사실이지만, 그보다는 학습자가 학습자를 낳는다는 진리를 기억하는 게 더 바람직하겠다.

그래서 여러분을 위한 마지막 질문을 하나 내놓는다.

'당신은 삶에서 어떤 변화를 추구하고 싶은가?'

| Notes |

1. 《질문의 기술 : 질문 중심의 단기 치료 가이드》는 1998년 존 와일리 출판사에서 나왔다. 그 시절 나의 이름은 마릴리 골드버그였다.

2. 빅터 E. 프랭클이 쓴 《인간의 의미를 찾아서 : 실존분석적 정신요법 입문Man᾿s Search for Meaning : An Introduction to Logotherapy》에서 인용했다. 영어 번역본은 1959년 보스턴의 비콘 출판사에서 처음 출간되었으며, 최신판은 1984년에 나왔다.

3. 캠벨의 농부 이야기와 "당신이 걸려 넘어지는 곳에 보물이 있다"는 인용문은 《열린 삶 : 마이클 톰스와 조셉 캠벨의 대화An Open Life : Joseph Campbell in Conversation with Michael Toms》에서 따왔다. 마이클 톰스가 편집한 이 책은 1988년에 하퍼 앤 로Harper & Row에서 출간되었다.

4. "말이 세상을 창조한다."는 말은 쿠퍼리더Cooperrider, D., 배
릿Barrett, F., 스리배스트바Srivastva, S.가 애쉬게이트 출판사에서
1995년 출간한《사회 건설과 감식력 있는 질문 : 조직 이론 여행
Social Construction and Appreciative Inquiy: A Journey in Organizational Theory》
에서 인용했다.

5. 1978년에 하퍼 앤 로 출판사가 펴낸 안와르 사다트의 자서
전《정체성을 찾아서In Search of Identity》에서 인용했다.